DR. OETKER

PARTY DIPS

GLOUCESTER-DIP, WÜRZIGE OLIVENSAUCE,
PIKANTE GEMÜSESALSA MIT CHILI UND SOJA...

Dr. Oetker Verlag

Vorwort

Durch eine Auswahl an verschiedenen Saucen werden Fingerfood, Häppchen,
Salate und andere Leckereien erst zum besonderen Genuss.
Selbst zubereitet schmecken Sausen, Dips und Salsas natürlich immer am besten,
und damit Sie auf Ihrer Party so richtig Eindruck schinden können,
haben wir die besten Rezepte für alles, in das man dippen kann, für Sie zusammengestellt.

Zum Beispiel gibt es Aioli und Pesto, Mango- und Texassalsa, Guacomole und Ajvar,
Frühlings- und Hüttenkäse-Dip und viele andere leckere Kreationen.
Zu den Rezepten gibt es Hinweise und Tipps,
zu welchem Fleisch, Fisch und Gemüse und Brot Sie es reichen können.

Alle Rezepte sind wie immer von Dr. Oetker überprüft
und so beschrieben, dass sie garantiert gelingen.

Abkürzungen

EL	= Esslöffel
TL	= Teelöffel
Msp.	= Messerspitze
Pck.	= Packung/Päckchen
g	= Gramm
kg	= Kilogramm
ml	= Milliliter
l	= Liter
evtl.	= eventuell
geh.	= gehäuft
gestr.	= gestrichen
TK	= Tiefkühlprodukt
°C	= Grad Celsius
Ø	= Durchmesser
E	= Eiweiß
F	= Fett
Kh	= Kohlenhydrate
kcal	= Kilokalorien
kJ	= Kilojoule

Hinweise zu den Rezepten

Die Rezepte sind – wenn nicht anders
angegeben – für 8 –10 Personen berechnet.
Lesen Sie bitte vor der Zubereitung – besser
noch vor dem Einkaufen – das Rezept einmal
vollständig durch. Oft werden Arbeitsabläufe
oder -zusammenhänge dann klarer.

Zubereitungszeiten

Die Zubereitungszeit beinhaltet nur die Zeit für
die eigentliche Zubereitung. Längere Wartezeiten
wie z. B. Kühlzeiten sind nicht mit einbezogen.

Tunfisch-Sardellen-Dip

(Foto oben)
Zubereitungszeit: 30 Min.

Insgesamt:
E: 96 g, F: 424 g, Kh: 22 g,
kJ: 18758, kcal: 4479

- 2 Dosen (je 175 g) Tunfisch in Lake
- 6 Sardellenfilets
- 2 Bund Schnittlauch oder Thai-Schnittlauch
- 450 g Naturjoghurt
- 350 g Mayonnaise
- etwas Salz
- frisch gemahlener Pfeffer
- Knoblauchpulver

1 Tunfisch mit Lake und Sardellenfilets im Mixer oder mit dem Pürierstab fein zerkleinern. Schnittlauch abspülen, trockentupfen und in feine Röllchen schneiden.

2 Fischmus in eine Schüssel geben, Joghurt und Mayonnaise gut unterrühren. Mit Salz, Pfeffer und Knoblauch würzen. Schnittlauchröllchen unterheben.

■ **Tipp:**
Thai-Schnittlauch hat einen würzig leichten Knoblauchgeschmack. Sie können stattdessen auch Bärlauch verwenden.

Tunfisch-Sardellen-Dip passt zu kleinen gebratenen Kalbfleischröllchen, Geflügel-Fingerfood oder zum Füllen von Kirschtomaten.

Picadilly-Dip

(Foto unten)
Zubereitungszeit: 35 Min.,
ohne Abkühlzeit

Insgesamt:
E: 31 g, F: 373 g, Kh: 51 g,
kJ: 16009, kcal: 3827

- 5 Schalotten
- 3 EL Speiseöl
- 2 Gläser Mixed Pickles (Abtropfgewicht je 360 g)
- 400 g Mayonnaise
- 300 g Naturjoghurt
- 2 EL mittelscharfer Senf
- 1 EL geriebener Meerrettich
- Salz
- frisch gemahlener Pfeffer

1 Schalotten abziehen und in kleine Würfel schneiden. Speiseöl in einem Topf erhitzen. Zwiebelwürfel darin glasig dünsten und abkühlen lassen.

2 Mixed Pickles in einem Sieb abtropfen lassen und mit einem Messer fein zerkleinern oder mit einem Pürierstab grob pürieren.

3 Mayonnaise und Joghurt in eine Schüssel geben, Mixed Pickles und Schalottenwürfel hinzugeben und gut verrühren. Den Dip mit Senf, Meerrettich, Salz und Pfeffer kräftig würzen.

■ **Tipp:**
Wenn der Dip etwas flüssiger sein soll, etwas Marinade von den Mixed Pickles auffangen und unter den Dip rühren.

Picadilly-Dip passt zu kaltem Schweine- und Kalbsbraten, Roastbeefröllchen und verschiedenen Sülzen.

Tomaten-Quark-Dip

(Foto)
Zubereitungszeit: 25 Min.

Insgesamt:
E: 49 g, F: 46 g, Kh: 117 g,
kJ: 4671, kcal: 1119

- **750 g Fleischtomaten**
- **600 g grüner Pfefferquark**
- **Salz**
- **Zucker**

1 Tomaten waschen, abtropfen lassen, kreuzweise einschneiden und einige Sekunden in kochendes Wasser legen. Tomaten kurz in kaltes Wasser legen, enthäuten, halbieren, entkernen, Stängelansätze herausschneiden. Fruchtfleisch in Würfel schneiden.

2 Tomatenwürfel mit Quark verrühren und in eine Schüssel oder einen tiefen Teller geben und mit Salz und Zucker abschmecken.

Tomaten-Quark-Dip passt zu rohem Staudensellerie oder Chicorée. Es können auch andere Gemüsesorten wie Möhren, Paprikaschoten oder Zucchini für den Dip verwendet werden.

Amerikanischer Quark-Dip

Zubereitungszeit: 20 Min.,
ohne Abkühlzeit

Insgesamt:
E: 147 g, F: 134 g Kh: 59 g,
kJ: 9022, kcal: 2153

- **750 g Magerquark**
- **150 g Naturjoghurt**
- **125 ml (1/8 l) Milch**
- **4 EL Speiseöl**
- **2 mittelgroße Zwiebeln**
- **3 Knoblauchzehen**
- **Salz**
- **frisch gemahlener Pfeffer**
- **150 g Sonnenblumenkerne**

1 Quark, Joghurt, Milch und Öl in eine Schüssel geben und gut verrühren.

2 Zwiebeln und Knoblauch abziehen, sehr fein hacken und mit dem Quark verrühren. Mit Salz und Pfeffer kräftig würzen.

3 Sonnenblumenkerne in einer Pfanne ohne Fett unter Wenden goldbraun rösten, etwas abkühlen lassen. Sonnenblumenkerne unter den Dip rühren.

Amerikanischer Quark-Dip passt zu Gemüsespießen oder zu feurig gewürzten Spareribs.

Orangensauce

(Foto oben)
Zubereitungszeit: 25 Min.

Insgesamt:
E: 31 g, F: 153 g, Kh: 30 g,
kJ: 6986, kcal: 1670

- **abgeriebene Schale von 2 Orangen (unbehandelt)**
- **8 EL Orangensaft**

- **2 Becher (je 150 g) Crème fraîche**
- **200 g Doppelrahm-Frischkäse**
- **Salz, Pfeffer, Zucker**

1 Orangen gründlich waschen, abtrocknen und die Schale abreiben. Orangen halbieren, den Saft auspressen.

2 Crème fraîche mit Orangenschale und -saft verrühren. Frischkäse unterrühren. Die Sauce mit Salz, Pfeffer und Zucker abschmecken.

Orangensauce schmeckt besonders gut zu gegrilltem Geflügel oder Fisch.

Avocado-Quark-Dip

(Foto unten)
Zubereitungszeit: 35 Min.,
ohne Abkühlzeit

Insgesamt:
E: 88 g, F: 75 g, Kh: 71 g,
kJ: 5824, kcal: 1391

Für die Marinade:
- **3 EL Zitronensaft**
- **Salz, Pfeffer**
- **Cayennepfeffer**
- **3 TL flüssiger Honig**

- **1 große, reife Avocado**
- **2 große Fleischtomaten**
- **2 Zwiebeln**
- **500 g Magerquark**
- **1 rote Paprikaschote**
- **Paprikapulver, edelsüß**
- **2 EL gehackte Petersilie**

Zum Bestreuen:
- **4 EL geschälte Sonnenblumenkerne**

1 Für die Marinade Zitronensaft mit Salz, Pfeffer, Cayennepfeffer und Honig verrühren.

2 Avocado längs halbieren, Kern herausnehmen. Avocado schälen und in Würfel schneiden. Tomaten waschen, abtropfen lassen, kreuzweise einschneiden und einige Sekunden in kochendes Wasser legen. Tomaten kurz in kaltes Wasser legen, enthäuten, halbieren, entkernen, Stängelansätze herausschneiden. Fruchtfleisch ebenfalls in Würfel schneiden. Zwiebeln abziehen, fein schneiden oder reiben.

3 Quark in eine Schüssel geben und mit den Zwiebeln verrühren. Paprika halbieren, entstielen, entkernen, die weißen Scheidewände entfernen. Schote waschen und fein würfeln.

4 Avocado-, Tomaten- und Paprikawürfel mit der Marinade vermengen. Mit Paprika würzen. Petersilie abspülen, trockentupfen, fein hacken und hinzufügen.

5 Zum Bestreuen Sonnenblumenkerne in einer Pfanne ohne Fett goldgelb rösten, abkühlen lassen, auf den Dip streuen.

Avocado-Quark-Dip passt sehr gut zu gegrilltem Gemüse, zu Tacos oder Kartoffelchips.

FRUCHTIG · SCHNELL · EINFACH

Russischer Quark-Dip

(Foto)
Zubereitungszeit: 25 Min.

Insgesamt:
E: 58 g, F: 57 g, Kh: 21 g,
kJ: 5147, kcal: 1231

- **300 g Salzgurken (aus dem Glas)**
- **500 g Sahnequark**
- **4 TL scharfer Senf**
- **4–5 EL Wodka**
- **Salz**
- **frisch gemahlener Pfeffer**
- **Zucker**
- **2 EL Schnittlauchröllchen**
- **2 EL fein gehackter Dill**

1 Gurken in einem Sieb abtropfen lassen, Gurkenflüssigkeit dabei auffangen. Gurken in kleine Würfel schneiden.

2 Quark mit Senf, Wodka und so viel Gurkenflüssigkeit verrühren, dass eine cremige Masse entsteht. Mit Salz, Pfeffer und Zucker würzen.

3 Schnittlauch und Dill abspülen, trockentupfen und fein schneiden. Gurkenwürfel, Schnittlauchröllchen und Dill unter die Quarkcreme rühren.

Russischer Quark-Dip zu Räucherfisch, gekochtem Fleisch, gekochten Eiern oder Pellkartoffeln reichen.

Bunter Quark-Dip

Zubereitungszeit: 25 Min.

Insgesamt:
E: 51 g, F: 60 g, Kh: 31 g,
kJ: 3772, kcal: 901

- **250 g Magerquark**
- **150 g Naturjoghurt**
- **1 Becher (150 g) Crème fraîche**
- **2 Tomaten**
- **3 Sardellen**
- **8 entsteinte Oliven**
- **2 mittelgroße Zwiebeln**
- **Salz, Pfeffer**
- **gehackte Thymianblättchen**

1 Quark, Joghurt und Crème fraîche in eine Schüssel geben und gut verrühren.

2 Tomaten waschen, abtropfen lassen, kreuzweise einschneiden und einige Sekunden in kochendes Wasser legen. Tomaten kurz in kaltes Wasser legen, enthäuten, halbieren, entkernen, Stängelansätze herausschneiden.

3 Tomatenhälften, Sardellen und Oliven sehr fein schneiden. Zwiebeln abziehen und in feine Würfel schneiden. Die Zutaten zum Quark geben und unterrühren. Mit Salz und Pfeffer würzen.

4 Thymian abspülen und trockentupfen. Die Blättchen von den Stängeln zupfen, fein hacken und unter den Dip rühren.

Bunter Quark-Dip passt zu Folienkartoffeln oder Blechkartoffeln.

Dip mit Apfel-Meerrettich

(Foto oben)
Zubereitungszeit: 20 Min.

Insgesamt:
E: 25 g, F: 70 g, Kh: 76 g,
kJ: 4506, kcal: 1076

- 2 mittelgroße Äpfel
- Saft von 1 Zitrone
- 200 g Meerrettich-Quark
- 1 Becher (150 g)
  Crème fraîche
- 150 g Naturjoghurt
- 4 TL Meerrettich
  (aus dem Glas) oder
  2 TL frisch geriebener
  Meerrettich
- Salz
- frisch gemahlener Pfeffer
- Zucker

1 Äpfel schälen, halbieren, entkernen, raspeln und sofort mit Zitronensaft beträufeln.

2 Meerrettich-Quark mit Crème fraîche, Joghurt und Meerrettich verrühren. Mit Salz, Pfeffer und Zucker würzen. Apfelraspel unterheben.

Den Dip mit Apfel-Meerrettich zu geräucherten Forellen, Makrelen oder zu Eierspeisen reichen.

Quark-Dip mit Schinken

(Foto unten)
Zubereitungszeit: 10 Min.

Insgesamt:
E: 41 g, F: 46 g, Kh: 20 g,
kJ: 4046, kcal: 967

- 250 g Speisequark
- 1 Becher (150 g)
  Crème fraîche
- 8 EL Buttermilch
- 200 g Lachsschinken
- Knoblauchsalz
- frisch gemahlener Pfeffer
- gemischte, gehackte
  Kräuter, z. B. Estragon,
  Kerbel, glatte Petersilie

1 Quark, Crème fraîche und Buttermilch in eine Schüssel geben und gut verrühren.

2 Lachsschinken in kleine Würfel schneiden und unterrühren. Den Dip mit Knoblauchsalz und Pfeffer würzen.

3 Kräuter abspülen und trockentupfen. Die Blättchen von den Stängeln zupfen, fein hacken und unterrühren.

Quark-Dip zu frischem Gemüse oder Gemüsesticks servieren.

Drei-Farben-Dip

(Foto)
Zubereitungszeit: 40 Min.

Insgesamt:
E: 22 g, F: 264 g, Kh: 48 g,
kJ: 11343, kcal: 2710

- **600 g Schmand oder Crème fraîche**
- **1 Pck. TK-Kräuter der Provence**
- **1 Tube (100 g) Salatmayonnaise**
- **Salz**
- **frisch gemahlener Pfeffer**
- **1 Fleischtomate (etwa 150 g)**
- **2 EL (50 g) Tomatenketchup**
- **1 kleine, gelbe Paprikaschote (etwa 200 g)**
- **1 TL Currypulver**

1 Schmand oder Crème fraîche in 3 Schüsseln verteilen.

2 Für den grünen Dip Kräuter der Provence und ein Drittel der Mayonnaise in die erste Schüssel der Schmand- oder Crème-fraîche-Masse geben und glatt rühren. Mit Salz und Pfeffer würzen.

3 Für den roten Dip Tomate waschen, abtrocknen, halbieren, den Stängelansatz herausschneiden. Tomaten entkernen und in kleine Würfel schneiden. Tomatenwürfel, ein Drittel der Mayonnaise und Tomatenketchup in die zweite Schüssel der Schmand- oder Crème-fraîche-Masse geben und ebenfalls glatt rühren. Mit Salz und Pfeffer würzen.

4 Für den gelben Dip Paprikaschote halbieren, entstielen, entkernen, die weißen Scheidewände entfernen. Die Schote waschen und in kleine Würfel schneiden. Paprikawürfel in kochendem Wasser etwa 1 Minuten blanchieren, in ein Sieb geben, mit kaltem Wasser übergießen und abtropfen lassen.

5 Paprikawürfel, restliche Mayonnaise und Curry in die dritte Schüssel der Schmand- oder Crème-fraîche-Masse geben und mit einem Schneebesen glatt rühren. Mit Salz und Pfeffer würzen.

Drei-Farben-Dip zu Knabbergebäck wie Chips und Kräcker reichen.

Rote-Bete-Dip

Zubereitungszeit: 30 Min.

Insgesamt:
E: 31 g, F: 292 g, Kh: 95 g,
kJ: 13502, kcal: 3225

- **1 Glas Rote Bete in Scheiben (Abtropfgewicht etwa 320 g)**
- **500 g Salatmayonnaise**
- **250 g Crème fraîche**
- **2 Bund Schnittlauch**
- **100 g gehackte Walnusskerne**
- **Salz**
- **frisch gemahlener Pfeffer**

1 Rote Bete in einem Sieb abtropfen lassen. Mayonnaise und Crème fraîche in eine Schüssel geben. Rote Bete in kleine Würfel schneiden. Schnittlauch abspülen, trockentupfen und in feine Röllchen schneiden. Walnusskerne, Rote-Bete-Würfel und Schnittlauchröllchen hinzufügen.

2 Die Zutaten mit einem Schneebesen glatt rühren. Mit Salz und Pfeffer würzen.

Türkische Joghurtsauce

(Foto)
**Zubereitungszeit: 15 Min.,
ohne Abkühlzeit**

**Insgesamt:
E: 46 g, F: 48 g, Kh: 55 g,
kJ: 3719, kcal: 893**

- 1 kg Natur-Joghurt
- 6 Knoblauchzehen
- 2 TL Salz
- 2 EL gehackte,
  glatte Petersilie
- 2 EL Sesamsamen

1 Joghurt in einem Sieb (mit Küchenpapier ausgelegt) abtropfen lassen. Knoblauch abziehen, mit Salz in einem Mörser zu einer glatten Paste verreiben. Petersilie abspülen, trockentupfen und fein hacken.

2 Joghurt in eine Schüssel geben. Knoblauchpaste und Petersilie unterrühren.

3 Sesam in einer Pfanne ohne Fett unter mehrmaligem Wenden goldbraun rösten, abkühlen lassen und über die Sauce streuen.

Türkische Joghurtsauce schmeckt sehr gut zu Hackfleischbällchen oder -spießchen.

Brokkoli-Oliven-Dip

**Zubereitungszeit: 25 Min.,
ohne Abkühlzeit**

**Insgesamt:
E: 35 g, F: 80 g, Kh: 16 g,
kJ: 3724, kcal: 890**

- 600 g Brokkoli
- 500 ml (1/2 l) Salzwasser
- etwa 15 grüne, mit
  Paprika gefüllte Oliven
- 200 g Doppelrahm-
  Frischkäse
- Salz
- frisch gemahlener Pfeffer
- Chilipulver

1 Vom Brokkoli die Blätter entfernen. Den Brokkoli in Röschen teilen. Die Stängel am Strunk schälen und bis kurz vor den Röschen kreuzweise einschneiden. Die Röschen waschen, abtropfen lassen und in kochendem Salzwasser in etwa 10 Minuten bissfest garen. Brokkoliröschen pürieren.

2 Oliven abtropfen lassen und in feine Würfel schneiden. Frischkäse mit Olivenwürfeln und Brokkolipüree verrühren. Den Dip mit Salz, Pfeffer und Chili würzen.

Reichen Sie den *Brokkoli-Oliven-Dip* zu Kräckern.

SCHNELL · RAFFINIERT · FÜR GÄSTE

Orangen-Limetten-Dip

(Foto oben)
Zubereitungszeit: 40 Min.

Insgesamt:
E: 45 g, F: 122 g, Kh: 44 g,
kJ: 6255, kcal: 1495

- **Saft und Schale von**
  2 Orangen (unbehandelt)
- **Saft und Schale von**
  2 Limetten (unbehandelt)
- **1 kleines Bund Minze**
- **400 g Crème fraîche**
- **250 g Magerquark**
- **Salz**
- **frisch gemahlener Pfeffer**

1 Orangen und Limetten heiß abwaschen und hauchdünn schälen. Die Schale in feine Streifen schneiden. Einige Orangen- und Limettenstreifen zum Garnieren beiseite legen.

2 Orangen und Limetten halbieren und den Saft auspressen. Den Saft in einem Topf mit den Orangen- und Limettenstreifen zum Kochen bringen und etwa 10 Minuten bei schwacher Hitze zugedeckt kochen lassen. Orangen-Limetten-Saft etwas abkühlen lassen.

3 Minze abspülen, trockentupfen und in dünne Streifen schneiden (evtl. einige Streifen zum Garnieren beiseite legen).

4 Crème fraîche und Quark verrühren. Orangen-Limetten-Saft und Minzestreifen unterrühren. Mit Salz und Pfeffer würzen.

5 Den Dip vor dem Servieren mit den beiseite gelegten Orangen-, Limetten- und Minzestreifen garnieren.

Orangen-Limetten-Dip zu gebratenen Lachsmedaillons, grünen und weißen Spargelspitzen sowie zu gegrillten Garnelen reichen.

Schnittlauch-Dip

(Foto unten)
Zubereitungszeit: 30 Min.,
ohne Einweichzeit

Insgesamt:
E: 109 g, F: 93 g, Kh: 69 g,
kJ: 6901, kcal: 1649

- **4 Scheiben Weißbrot**
  ohne Rinde (etwa je 20 g)
- **200 ml Schlagsahne**
- **4 hart gekochte Eier**
- **2 Bund Schnittlauch**
- **500 g Magerquark**
- **Salz**
- **frisch gemahlener Pfeffer**
- **evtl. etwas Worcestersauce**

1 Brotscheiben in eine Schüssel legen, mit Sahne übergießen und einweichen lassen.

2 Eier pellen und würfeln. Schnittlauch abspülen, trockentupfen und in feine Röllchen schneiden.

3 Quark, Eier und Schnittlauchröllchen zu den eingeweichten Brotscheiben geben und mit einem Schneebesen glatt rühren. Mit Salz, Pfeffer und evtl. Worcestersauce kräftig abschmecken.

Schnittlauch-Dip passt sehr gut zu Brat-, Ofenkartoffeln, Roastbeefröllchen und Tacos.

Tsatsiki

(Foto)
***Zubereitungszeit: 35 Min.,
ohne Kühlzeit***

Insgesamt:
***E: 78 g, F: 40 g, Kh: 72 g,
kJ: 4308, kcal: 1030***

- **1 Salatgurke (etwa 800 g)**
- **6–8 Knoblauchzehen**
- **Salz**
- **1 kg Naturjoghurt**
- **250 g Magerquark**
- **Salz**

- **etwas Petersilie**

1 Gurke waschen, trockentupfen, nach Belieben schälen, evtl. halbieren, die Kerne mit einem Löffel herausschaben und das Gurkenfleisch fein raspeln, etwas ausdrücken. Knoblauch abziehen und mit Salz zerdrücken.

2 Joghurt in einem Sieb (mit Küchenpapier ausgelegt) abtropfen lassen und mit dem Quark glatt rühren. Gurkenraspel und Knoblauchpaste unterrühren. Evtl. mit Salz würzen.

3 Tsatsiki in eine Schüssel geben und kalt stellen.

4 Petersilie abspülen und trockentupfen. Vor dem Servieren mit der Petersilie garnieren.

■ **Tipp:**
Tsatsiki schmeckt gut durchgezogen besonders intensiv, deshalb am besten am Vortag zubereiten.

Tsatsiki schmeckt gut zu Gyros, gegrilltem Fleisch oder Fisch (dann Dill hinzufügen).

Griechische Käsecreme

Zubereitungszeit: 20 Min.

Insgesamt:
***E: 37 g, F: 198 g, Kh: 16 g,
kJ: 8444, kcal: 2017***

- **200 g Schafkäse**
- **2 kleine Zwiebeln**
- **4 Knoblauchzehen**
- **200 g weiche Butter**
- **Salz**
- **frisch gemahlener Pfeffer**

1 Schafkäse mit einer Gabel zerdrücken oder fein zerbröseln.

2 Zwiebeln und Knoblauch abziehen und in feine Würfel schneiden.

3 Butter und Käse in einen hohen Rührbecher geben und pürieren. Zwiebel- und Knoblauchwürfel hinzufügen. Die Creme mit Salz und Pfeffer würzen und bis zum Verzehr kalt stellen.

Griechische Käsecreme passt zu Fladenbrot oder Kartoffeln auf dem Blech.

Apfel-Papaya-Dip

(Foto oben)
Zubereitungszeit: 40 Min.,
ohne Abkühlzeit

Insgesamt:
E: 16 g, F: 137 g, Kh: 169 g,
kJ: 8442, kcal: 2016

- **1 Papaya**
- **3 Äpfel**
- **3 Zwiebeln**
- **9 EL Kräuteressig**
- **90 g Zucker**
- **3 Becher (je 150 g)**
  Crème fraîche
- **Salz**

1 Papaya in der Mitte längs durchschneiden. Den Kern herausnehmen. Papayahälften schälen. Äpfel waschen, vierteln und entkernen. Zwiebeln abziehen. Papayahälften, Apfelviertel und Zwiebeln in feine Würfel schneiden.

2 Essig mit Zucker in einem Topf erhitzen, bis der Zucker gelöst ist, abkühlen lassen.

3 Crème fraîche, Papaya-, Apfel- und Zwiebelwürfel unterrühren. Den Dip mit Salz würzen.

Servieren Sie den Apfel-Papaya-Dip zu gegrilltem oder kurz gebratenem Fleisch.

Süsse Senfsauce, kalt

(Foto unten)
Zubereitungszeit:
etwa 30 Min.

Insgesamt:
E: 24 g, F: 306 g, Kh: 33g,
kJ: 12762, kcal: 3049

- **125 g süßer Senf**
- **450 g Crème fraîche**
  oder Sauerrahm
- **1 Bund Dill**
- **1 Bund Kerbel**
- **1 Bund Petersilie**
- **200 g Mayonnaise**
- **Salz**
- **frisch gemahlener Pfeffer**

1 Senf und Crème fraîche oder Sauerrahm in eine Schüssel geben. Dill, Kerbel und Petersilie abspülen, trockentupfen, fein hacken. Kräuter und Mayonnaise zu der Senf-Crème-fraîche- oder Sauerrahm-Masse geben.

2 Die Zutaten mit einem Schneebesen glatt rühren. Die Sauce mit Salz und Pfeffer würzen.

Süsse Senfsauce passt zu Kartoffelrösti, Kartoffelpuffer und gebeiztem Fisch wie Lachs, Stör oder Heilbutt.

FÜR GÄSTE · EINFACH · GUT VORZUBEREITEN

Zucchini-Honig-Dip

(Foto rechts außen)
Zubereitungszeit: 25 Min.

Insgesamt:
E: 18 g, F: 137 g, Kh: 62 g,
kJ: 6541, kcal: 1564

- 2 kleine Zucchini
  (etwa 450 g)
- 450 g Crème fraîche
- 3 EL flüssiger Akazienhonig
- Salz, Pfeffer

1 Zucchini waschen, putzen und in Würfel schneiden. Zucchiniwürfel und Crème fraîche in einen hohen Rührbecher geben und pürieren.

2 Honig unterrühren. Den Dip mit Salz und Pfeffer pikant würzen.

Zucchini-Honig-Dip passt zu gegrilltem Fleisch, Gemüse und Kartoffeln.

Eier-Senf-Dip

(Foto oben links)
Zubereitungszeit: 20 Min.

Insgesamt:
E: 47 g, F: 210 g, Kh: 35 g,
kJ: 9545, kcal: 2281

- 3 hart gekochte Eier
- 3 Becher (je 125 g)
  Crème fraîche mit Kräutern
- 2 Becher (je 200 g)
  Schmand
- 2–3 EL grobkörniger Senf
- Salz, Pfeffer

1 Eier pellen und in Würfel schneiden. Crème fraîche mit Schmand und Senf verrühren. Eiwürfel unterrühren. Den Dip mit Salz und Pfeffer würzen.

Eier-Senf-Dip passt zu kaltem Bratenfleisch, Bratfisch und mariniertem Gemüse.

Schafkäse-Dip

(Foto unten links)
Zubereitungszeit: 40 Min.

Insgesamt:
E: 70 g, F: 150 g, Kh: 46 g,
kJ: 7581, kcal: 1810

- 1 Bund (etwa 6 Stück)
  Frühlingszwiebeln
- 300 g Schafkäse
- 6 eingelegte Kirschpaprika
- 2 Becher (je 150 g)
  Crème fraîche
- 150 g Naturjoghurt
- 100 ml Milch
- Salz, Pfeffer

1 Frühlingszwiebeln putzen, waschen, abtropfen lassen und in feine Ringe schneiden.

2 Schafkäse mit einer Gabel zerdrücken. Kirschpaprika waschen, trockentupfen, halbieren, entstielen, entkernen und in kleine Würfel schneiden. Crème fraîche mit Joghurt und Milch verrühren. Frühlingszwiebelringe, Schafkäse und Paprikawürfel unterrühren, mit Salz und Pfeffer würzen.

Gloucester-Dip

(Foto)
Zubereitungszeit: 40 Min.

Insgesamt:
E: 14 g, F: 98 g, Kh: 41 g,
kJ: 4768, kcal: 1139

- **2 Pck. TK-8-Kräuter (je 25 g) oder jeweils 1 Bund Dill, Schnittlauch und Petersilie**
- **1 kleine Fenchelknolle (etwa 200 g)**
- **1 Glas (250 g) Mayonnaise**
- **200 g saure Sahne oder 200 g Naturjoghurt**
- **Salz**
- **frisch gemahlener Pfeffer**
- **2 EL Kräuteressig**

1 Frische Kräuter abspülen, trockentupfen und fein hacken. Von der Fenchelknolle die Stiele dicht oberhalb der Knolle abschneiden, braune Stellen und Blätter entfernen. Die Wurzelenden gerade schneiden. Die Knolle halbieren, waschen, abtropfen lassen und fein würfeln.

2 Fenchelwürfel in kochendem Wasser etwa 2 Minuten blanchieren, in ein Sieb geben, mit kaltem Wasser übergießen und abtropfen lassen.

3 Mayonnaise und saure Sahne oder Joghurt in eine Schüssel geben, Fenchelwürfel und Kräuter (TK-Kräuter tiefgekühlt) unterrühren. Mit Salz, Pfeffer und Essig würzen.

Gloucester-Dip passt zu rohen Gemüsesticks wie Möhren, Staudensellerie und Frühlingszwiebeln oder zu blanchiertem Gemüse, z. B. Blumenkohl oder Spargel.

Dip Gourmet

Zubereitungszeit: 25 Min.

Insgesamt:
E: 64 g, F: 148 g, Kh: 25 g,
kJ: 7289, kcal: 1741

- **2 Becher (je 150 g) Crème fraîche**
- **2 EL Tomatenketchup**
- **2 EL Schnittlauchröllchen**
- **1 Camembert (250 g)**
- **5 EL Milch**
- **Salz**
- **frisch gemahlener Pfeffer**

1 Crème fraîche mit Ketchup verrühren. Schnittlauch abspülen, trockentupfen, in feine Röllchen schneiden und unterrühren.

2 Camembert in sehr feine Würfel schneiden und mit der Milch unterrühren. Den Dip mit Salz und Pfeffer würzen.

- **Tipp:**

Der Camembert kann auch zur Hälfte durch Frischkäse ersetzt werden.

Reichen Sie den *Dip Gourmet* zu Gemüsespießen, z. B. Staudensellerie, Möhrenstangen oder Kohlrabistiften.

PREISWERT · RAFFINIERT · SCHNELL

Stilton-Dip

(Foto oben)
Zubereitungszeit: 25 Min.

Insgesamt:
E: 37 g, F: 125 g, Kh: 29 g,
kJ: 6223, kcal: 1486

- **5–6 Frühlingszwiebeln**
- **3 Stangen Staudensellerie**
- **3 EL Portwein**
- **1 Becher (150 g)**
  Crème fraîche
- **125 ml (1/8 l) Schlagsahne**
- **100 g Stilton-Käse**
- **Salz, weißer Pfeffer**

Zum Garnieren:
- **Chicoréeblätter**
- **etwas Paprikapulver**

1 Frühlingszwiebeln putzen, waschen und abtropfen lassen. Staudensellerie putzen, waschen und die harten Außenfäden abziehen. Zwiebeln und Sellerie in Stücke schneiden und in einen hohen Rührbecher geben. Portwein, Crème fraîche und Sahne hinzufügen. Die Zutaten mit einem Mixstab pürieren.

2 Käse mit einer Gabel zerdrücken und unterrühren. Den Dip mit Salz und Pfeffer würzen.

3 Zum Garnieren Chicoréeblätter abspülen und trockentupfen. Die Spitzen in Paprika tauchen. Den Dip damit garnieren.

- **Tipp:**
Statt des Stilton können Sie auch einen anderen Blauschimmel-Käse verwenden.

Stilton-Dip zu rohem Gemüse reichen.

Hüttenkäse-Dip

(Foto unten)
Zubereitungszeit: 25 Min.

Insgesamt:
E: 91 g, F: 24 g, Kh: 34 g,
kJ: 3531, kcal: 844

- **3 Stangen Staudensellerie**
- **1 Bund Schnittlauch**
- **2 Becher (je 200 g)**
  Hüttenkäse
- **150 g Naturjoghurt**
- **200 g Speisequark**

- **4 EL Sherry medium**
- **Salz**
- **frisch gemahlener**
  weißer Pfeffer

- **etwas Minze**

1 Sellerie schälen, waschen, die harten Außenfäden abziehen. Sellerie in feine Streifen schneiden. Schnittlauch abspülen, trockentupfen und in feine Röllchen schneiden.

2 Hüttenkäse mit Joghurt, Quark und Sherry verrühren. Selleriestreifen und Schnittlauchröllchen (etwas zum Garnieren zurücklassen) unterrühren. Mit Salz und Pfeffer würzen.

3 Minze abspülen und trockentupfen. Den Dip in einem Schälchen anrichten, mit den zurückgelassenen Selleriestreifen und Schnittlauchröllchen bestreuen. Mit Minze garnieren.

Hüttenkäse-Dip zu Pellkartoffeln oder Chicorée reichen.

Roquefortsauce

(Foto)
Zubereitungszeit: 35 Min.

Insgesamt:
E: 69 g, F: 117 g, Kh: 35 g,
kJ: 6454, kcal: 1541

- **300 g Roquefort**
- **6 EL Schlagsahne**
- **10 EL Milch**
- **2 EL Zitronensaft**
- **2 Äpfel**
- **Salz**
- **frisch gemahlener Pfeffer**
- **etwas Zucker**
- **1 EL mittelscharfer Senf**

Nach Belieben:
- **etwas gehackte Petersilie**
- **einige Paprikawürfel**

1 Roquefort durch ein Sieb streichen, mit Sahne, Milch und Zitronensaft verrühren oder Roquefort, Sahne, Milch und Zitronensaft in einen hohen Rührbecher geben und pürieren.

2 Äpfel schälen, vierteln, entkernen, fein reiben und unterrühren. Die Sauce mit Salz, Pfeffer, Zucker und Senf würzen.

3 Die Sauce nach Belieben mit Petersilie bestreuen und mit Paprikawürfeln garnieren.

Roquefortsauce eignet sich besonders für Chicorée- und Endiviensalat und passt gut zu Kräckern oder Taco-Chips.

Weichkäsesauce

(Foto Seite 35 unten)
Zubereitungszeit: 45 Min.

Insgesamt:
E: 119 g, F: 273 g, Kh: 38 g,
kJ: 13500, kcal: 3227

- **500 g Weichkäse, z. B. Bel Paese oder ein würziger Gorgonzola**
- **3 Zwiebeln**
- **60 g Butter**
- **250 ml (¹/₄ l) Gemüsebrühe**
- **250 ml (¹/₄ l) Schlagsahne**
- **1 Pck. TK-Kräuter (Petersilie, Schnittlauch, Dill)**
- **Salz**
- **frisch gemahlener Pfeffer**
- **3 Fleischtomaten (etwa 400 g)**

1 Weichkäse mit einer Gabel grob zerkleinern. Zwiebeln abziehen und in Würfel schneiden. Butter in einem Topf zerlassen. Zwiebelwürfel darin glasig dünsten. Brühe, Sahne und Weichkäse hinzugeben. Die Sauce unter ständigem Rühren in etwa 10 Minuten zu einer cremigen Konsistenz einkochen lassen. Kräuter unterrühren. Mit Salz und Pfeffer würzen.

2 Tomaten waschen, abtrocknen, halbieren. Stängelansätze herausschneiden und Tomaten entkernen. Tomatenfleisch in Würfel schneiden. Tomatenwürfel zuletzt unter die Sauce heben.

- **Tipp:**
Weichkäsesauce passt zu Brokkoli, Blumenkohl, Blattspinat und Spargel.

Gorgonzolacreme

(Foto rechts oben)
Zubereitungszeit: 20 Min.

Insgesamt:
E: 72 g, F: 116 g, Kh: 25 g,
kJ: 6298, kcal: 1507

- **250 g Gorgonzola**
- **2 Becher (je 150 g)**
  saure Sahne
- **150 g Naturjoghurt**
- **Salz, weißer Pfeffer**
- **2 EL Pistazienkerne**

1 Gorgonzola mit einer Gabel zerdrücken. Nach und nach Sahne und Joghurt unterrühren. Mit Salz und Pfeffer vorsichtig würzen.

2 Die Creme vor dem Servieren mit Pistazienkernen bestreuen.

- **Tipp:**
Es können auch zusätzlich klein geschnittene Birnenhälften (aus der Dose) unter die Creme gerührt werden.

Die *Gorgonzolacreme* zu Staudensellerie, Möhrenstreifen und Kräckern servieren.

Käse-Dip mit Oliven

(Foto links oben)
Zubereitungszeit: 35 Min.

Insgesamt:
E: 63 g, F: 123 g, Kh: 29 g,
kJ: 6237, kcal: 1491

- **150 g Edelpilzkäse,**
  z. B. Gorgonzola
- **200 g Frischkäse**
- **100 ml Milch**
- **2–3 EL Tomatenmark**
- **12 spanische Oliven,**
  mit Paprika gefüllt
- **1 grüne Paprikaschote**
- **4 Tomaten**
- **6 Cornichons**
- **Salz, Pfeffer**
- **Cayennepfeffer**
- **Paprikapulver**

1 Edelpilzkäse in eine Rührschüssel geben und mit einer Gabel zerdrücken. Frischkäse, Milch und Tomatenmark hinzufügen. Die Zutaten mit Handrührgerät mit Rührbesen gut verrühren.

2 Oliven abtropfen lassen und in Scheiben schneiden (einige Scheiben zum Garnieren beiseite legen). Paprika halbieren, entstielen, entkernen, die weißen Scheidewände entfernen. Schote waschen und trockentupfen. Tomaten waschen, abtropfen lassen, kreuzweise einschneiden und einige Sekunden in kochendes Wasser legen. Tomaten kurz in kaltes Wasser legen, enthäuten, halbieren, entkernen, Stängelansätze herausschneiden.

3 Paprikaschote, Tomaten und Cornichons in kleine Würfel schneiden (einige Würfel zum Garnieren beiseite legen), mit den Olivenscheiben unter die Käsemasse rühren. Mit Salz, Pfeffer und Cayennepfeffer würzen.

4 Den Dip mit den beiseite gelegten Olivenscheiben, Paprika-, Tomaten- und Cornichonwürfeln garnieren und mit Paprika bestreuen.

Käse-Dip zu Chips oder zu Gemüsespießen reichen. Schmeckt auch sehr gut zu gegrillten Kartoffeln.

SCHNELL

Ingwer-Chutney-Dip

(Foto links unten)
Zubereitungszeit: 30 Min.

Insgesamt:
E: 3 g, F: 1 g, Kh: 250 g,
kJ: 4514, kcal: 1079

- **1 kleine Dose Pfirsiche (Abtropfgewicht 240 g)**
- **1 reife Mango**
- **125 ml (¹/₈ l) Pfirsichsaft (aus der Dose)**
- **1 Stück Ingwer in Sirup oder 2 TL gemahlener Ingwer**
- **einige Minzezweige**
- **150 g Zucker**
- **Saft von 1 Limette**
- **Salz**
- **frisch gemahlener Pfeffer**
- **2 EL Himbeeressig**
- **evtl. etwas Limettensaft**

1 Pfirsichhälften in einem Sieb abtropfen lassen, den Saft dabei auffangen und 125 ml (¹/₈ l) davon abmessen. Mango in der Mitte längs durchschneiden. Kern herausnehmen und die Mango schälen. Pfirsichhälften und Mango in kleine Würfel schneiden. Ingwer fein hacken. Minzezweige abspülen, trockentupfen und ebenfalls fein hacken.

2 Zucker in einem Topf unter Rühren goldbraun karamellisieren lassen. Mango-, Pfirsichwürfel, Limetten- und Pfirsichsaft hinzugeben (bei der Obstzugabe sehr vorsichtig arbeiten, da der Zucker zu diesem Zeitpunkt eine Temperatur von etwa 180 °C hat). Die Obstmasse einige Minuten kochen lassen, bis sich der Zucker wieder aufgelöst hat. Mit Salz, Pfeffer, Himbeeressig und evtl. Limettensaft pikant würzen. Dip etwas abkühlen lassen.

Ingwer-Chutney-Dip passt zu gebratenem und in Bierteig gebackenem Geflügel, zu in Bierteig ausgebackenem Gemüse oder zu frischen Ananasstücken oder Bananen.

Dip Bombay

(Foto rechts oben)
Zubereitungszeit: 25 Min.

Insgesamt:
E: 18 g, F: 100 g, Kh: 50 g,
kJ: 5041, kcal: 1204

- **2 mittelgroße Äpfel**
- **2 EL Zitronensaft**
- **2 Becher (je 150 g) Crème fraîche**
- **150 g Naturjoghurt**
- **5 EL Milch**
- **1 EL Currypulver**
- **Salz, Pfeffer**

1 Äpfel schälen, vierteln, entkernen und in feine Würfel schneiden. Mit Zitronensaft beträufeln.

2 Apfelwürfel mit Crème fraîche, Joghurt, Milch und Curry verrühren. Den Dip mit Salz und Pfeffer würzen.

Dip Bombay zu gegrillten Hähnchenkeulen reichen. Der Dip bekommt eine fruchtige Note, wenn Sie zusätzlich Bananen- und Orangenstückchen unterrühren.

FÜR GÄSTE · RAFFINIERT · SCHNELL

Tofu-Dip mit Kräutern und Schalotten

(Foto)
Zubereitungszeit: 25 Min.

Insgesamt:
E: 35 g, F: 21 g, Kh: 26 g,
kJ: 1845, kcal: 438

- **400 g Tofu**
- **125 ml (¹/₈ l) Milch**
- **4 Schalotten**
- **4 EL gehackte Kräuter,**
  z. B. Petersilie, Dill,
  Schnittlauch, Kerbel
- **frisch gemahlener Pfeffer**
- **Salz**

1 Tofu und Milch in einen hohen Rührbecher geben und mit einem Pürierstab cremig rühren.

2 Schalotten abziehen und in feine Würfel schneiden. Kräuter abspülen, trockentupfen und fein hacken. Schalottenwürfel und Kräuter unter die Tofumasse rühren. Mit Pfeffer und Salz würzen.

Tofu-Dip zu Folienkartoffeln oder Bircher-Benner-Kartoffeln und frischem Salat reichen.

Frühlings-Dip

Zubereitungszeit: 25 Min.

Insgesamt:
E: 63 g, F: 155 g, Kh: 27 g,
kJ: 7593, kcal: 1813

- **250 g Magerquark**
- **200 g Frischkäse**
- **2 Becher (je 150 g)**
  Crème fraîche
- **Salz**

- **frisch gemahlener Pfeffer**
- **3–4 EL gehackte**
  Kresseblättchen

1 Quark, Frischkäse und Crème fraîche in eine Schüssel geben und gut verrühren. Mit Salz und Pfeffer würzen.

2 Kresse abspülen und trockentupfen. Die Blättchen von den Stängeln zupfen und fein hacken. Kresse unter den Dip rühren.

- **Tipp:**

Nach Belieben in feine Würfel geschnittene Radieschen unterheben.

Frühlings-Dip passt zu Gemüse-Rohkost oder neuen Kartoffeln.

Hollandaise (Abgeschlagene Sauce)

(Foto)
Zubereitungszeit: 25 Min.,
ohne Abkühlzeit

Insgesamt:
E: 12 g, F: 265 g, Kh: 3 g,
kJ: 10656, kcal: 2546

- **300 g Butter**
- **3 Eigelb**
- **3 EL Weißwein**
- **Zitronensaft**
- **Salz**
- **frisch gemahlener Pfeffer**

1 Butter in einem Topf zerlassen und etwas abkühlen lassen.

2 Eigelb und Wein mit einem Schneebesen in einer Schüssel im Wasserbad (Wasser darf nicht kochen!) so lange schlagen, bis die Masse dicklich ist.

3 Die etwas abgekühlte Butter langsam unter die Eigelbmasse schlagen. Die Sauce mit Zitronensaft, Salz und Pfeffer würzen.

■ Tipp:
Von 1/2 Kästchen Kresse die Blätter abschneiden, abspülen, trockentupfen, unter die Sauce rühren. Sauce sofort servieren.

Hollandaise eignet sich besonders zu Spargel, Brokkoli, Fisch oder Kalbslendchen.

Senfsauce

Zubereitungszeit: 15 Min.

Insgesamt:
E: 27 g, F: 153 g, Kh: 56 g,
kJ: 7392, kcal: 1765

- **70 g Butter oder Margarine**
- **30 g Weizenmehl**
- **500 ml (1/2 l) Milch**
- **250 ml (1/4 l) Schlagsahne**
- **4 schwach geh. EL mittelscharfer Senf**
- **Salz**
- **Zitronensaft**
- **Zucker**

1 Butter oder Margarine in einem Topf zerlassen. Mehl unter Rühren so lange darin erhitzen, bis es goldgelb ist.

2 Milch und Sahne unter Rühren hinzugießen und mit einem Schneebesen durchschlagen. Darauf achten, dass keine Klümpchen entstehen.

3 Die Sauce zum Kochen bringen und etwa 5 Minuten kochen lassen. Senf unterrühren. Mit Salz, Zitronensaft und Zucker würzen.

■ Tipp:
Sie können statt des mittelscharfen Senfes auch körnigen Senf nehmen oder jeweils 2 Esslöffel von beiden Senfsorten.

Senfsauce passt sehr gut zu gebratenem Fisch und zu gekochten oder pochierten Eiern.

Mayonnaise, indisch

(Foto oben)
Zubereitungszeit: 25 Min.

Insgesamt:
E: 12 g, F: 214 g, Kh: 62 g,
kJ: 9644, kcal: 2304

- **2 Äpfel**
- **1 EL Zitronensaft**

- **250 g Mayonnaise**
- **150 g Naturjoghurt**
- **3 EL Mango-Chutney**
- **1 EL Currypulver**
- **2 TL gemahlener Ingwer**
- **Salz, Pfeffer**

1 Äpfel schälen, vierteln, entkernen und auf einer Haushalts-reibe reiben, sofort mit Zitronensaft beträufeln.

2 Mayonnaise, Joghurt, Mango-Chutney, Curry und Ingwer verrühren. Apfelraspel unterheben. Mit Salz und Pfeffer würzen.

Indische Mayonnaise
schmeckt sehr gut zu gegrilltem Geflügel oder zu Gemüseschnitzel.

Tatarensauce

(Foto Mitte)
Zubereitungszeit: 20 Min.

Insgesamt:
E: 6 g, F: 78 g, Kh: 38 g,
kJ: 3833, kcal: 915

- **8 Schalotten**
- **1 kleines Glas Kapern**
  (Abtropfgewicht 45 g)

- **3 Gewürzgurken**
- **3–4 EL gehackte gemischte Kräuter, z. B. Petersilie, Dill, Kerbel**
- **250 g Salatmayonnaise**

1 Schalotten abziehen und in feine Würfel schneiden. Kapern in einem Sieb abtropfen lassen und fein hacken. Gurken ebenfalls in feine Würfel schneiden. Kräuter abspülen, trockentupfen und fein hacken.

2 Mayonnaise glatt rühren, Schalottenwürfel, Kapern, Gurkenwürfel und Kräuter unterrühren.

Tatarensauce zu gekochten
Eiern, gedünstetem Lachs oder gekochtem Rindfleisch reichen.

Cocktailsauce

(Foto unten)
Zubereitungszeit: 25 Min.

Insgesamt:
E: 21 g, F: 197 g, Kh: 91 g,
kJ: 9941, kcal: 2376

- **2 Gläser (je 250 g) Salatmayonnaise**
- **300 g Naturjoghurt**
- **6 TL Cumberlandsauce (fertig gekauft)**
- **10 EL Schlagsahne**
- **2 EL Weinbrand**
- **einige Tropfen Tabasco**

- **3–4 EL Tomatenketchup**
- **Salz, Pfeffer, Zucker**

1 Mayonnaise mit Joghurt, Cumberlandsauce, Sahne, Weinbrand, Tabasco und Ketchup gut verrühren. Die Sauce mit Salz, Pfeffer und Zucker würzen.

RAFFINIERT · KLASSISCH · EINFACH

Teufelssauce

(Foto)
Zubereitungszeit: 30 Min.

Insgesamt:
E: 35 g, F: 88 g, Kh: 26 g,
kJ: 4755, kcal: 1136

- **4 hart gekochte Eier**
- **2 Zwiebeln**
- **6 EL Speiseöl**
- **2 EL mittelscharfer Senf**
- **2 EL Essig**
- **Salz**
- **frisch gemahlener Pfeffer**
- **Zucker**
- **Paprikapulver, edelsüß**
- **Cayennepfeffer**
- **1 TL Estragonblättchen**
- **1 geriebener Apfel**
- **5 EL Rotwein**
- **2–3 TL Tabasco**
- **2 EL Tomatenketchup**

1 Eier pellen und das Eigelb durch ein Sieb streichen. Zwiebeln abziehen und in feine Würfel schneiden.

2 Eigelb mit Zwiebelwürfeln, Speiseöl, Senf und Essig verrühren. Mit Salz, Pfeffer, Zucker, Paprika und Cayennepfeffer würzen. Estragonblättchen unterrühren.

3 Apfel schälen, vierteln, entkernen und reiben. Geriebenen Apfel, Wein, Tabasco und Ketchup zur Sauce geben und unterrühren. Nach Belieben nochmals mit Salz, Pfeffer, Zucker, Paprika und Cayennepfeffer abschmecken.

Teufelssauce zu gegrilltem Fleisch oder Fondue reichen. Das übriggebliebene Eiweiß in feine Würfel schneiden und vor dem Servieren auf die Sauce streuen.

Diavolosauce, kalt

Zubereitungszeit: 20 Min.,
ohne Abkühlzeit

Insgesamt:
E: 2 g, F: 101 g, Kh: 7 g,
kJ: 4240, kcal: 1012

- **4 Schalotten**
  oder 2 Zwiebeln
- **4 EL Weinessig**
- **4 EL Weißwein**
- **2 EL mittelscharfer Senf**
- **10 EL Olivenöl**
- **Salz, Pfeffer**
- **Zucker**

1 Schalotten oder Zwiebeln abziehen und in sehr feine Würfel schneiden. Schalotten- oder Zwiebelwürfel mit Weinessig und Wein in einem kleinen Topf zum Kochen bringen und etwas einkochen lassen. Sauce erkalten lassen.

2 Senf und Olivenöl unterrühren. Sauce mit Salz, Pfeffer und Zucker würzen.

Diavolosauce zu Steaks reichen.

GUT VORZUBEREITEN · SCHNELL

Kräuter-Sahne-Sauce

(Foto)
Zubereitungszeit: 20 Min.

Insgesamt:
E: 47 g, F: 135 g, Kh: 27 g,
kJ: 6579, kcal: 1573

- 250 g saure Sahne
- 250 Crème fraîche
- 2 EL Salatmayonnaise
- 1 EL Zitronensaft
- 4 hart gekochte Eier
- 4 EL gehackte Kräuter,
  z. B. Petersilie,
  Schnittlauch, Dill
- Zucker
- Salz
- frisch gemahlener Pfeffer

1 Saure Sahne, Crème fraîche und Mayonnaise in eine Schüssel geben. Zitronensaft hinzufügen und gut verrühren.

2 Eier pellen und fein würfeln. Kräuter abspülen, trockentupfen und fein hacken. Eierwürfel und Kräuter unter die Sahne-Crème-fraîche-Masse rühren. Die Sauce mit Zucker, Salz und Pfeffer würzen.

Kräuter-Sahne-Sauce schmeckt sehr gut zu gekochtem Rindfleisch oder zu gekochten oder pochierten Eiern.

Pikante Senfsauce

Zubereitungszeit: 15 Min.

Insgesamt:
E: 26 g, F: 171 g, Kh: 14 g,
kJ: 7423, kcal: 1773

- 3 hart gekochte Eier
- 2 Zwiebeln
- 3 Gewürzgurken
- 2 EL mittelscharfer Senf
- Salz
- frisch gemahlener Pfeffer
- 1 TL Zucker
- 4 EL Weinessig
  oder Balsamicoessig
- 150 ml Olivenöl

1 Eier pellen, Zwiebeln abziehen. Eier, Zwiebeln und Gurken in feine Würfel schneiden.

2 Senf mit Salz, Pfeffer und Zucker verrühren, Essig unterrühren. Nach und nach Olivenöl hinzugeben. Eier-, Gurken- und Zwiebelwürfel unterheben. Die Sauce nochmals mit Salz, Pfeffer und Zucker würzen.

Pikante Senfsauce passt sehr gut zu kaltem Braten oder gekochten Eiern.

Kerbel-Spinat-Sauce

(Foto)
Zubereitungszeit: 35 Min.

Insgesamt:
E: 18 g, F: 129 g, Kh: 49 g,
kJ: 6153, kcal: 1471

- 4 Schalotten
- 3 Knoblauchzehen
- 150 g Kartoffeln
- 1 Bund Kerbel
- 150 g Blattspinat
- 60 g Butter
- 1 EL Weizenmehl
- 250 ml (1/4 l) Gemüsebrühe
- 250 ml (1/4 l) Schlagsahne
- Salz
- frisch gemahlener Pfeffer

1 Schalotten und Knoblauchzehen abziehen. Kartoffeln schälen, waschen und abtropfen lassen. Schalotten und Kartoffeln in kleine Würfel schneiden.

2 Kerbel abspülen und trockentupfen. Die Blättchen von den Stängeln zupfen und grob hacken. Blattspinat verlesen, waschen, abtropfen lassen und ebenfalls grob hacken.

3 Butter in einem Topf zerlassen. Schalottenwürfel und durchgepressten Knoblauch darin glasig dünsten. Kartoffelwürfel, Kerbel und Spinat hinzugeben und mit andünsten. Mehl darüber stäuben. Brühe und Sahne hinzugießen und die Sauce unter mehrmaligem Rühren zu einer cremigen Konsistenz etwa 15 Minuten einkochen lassen.

4 Sauce mit Salz, Pfeffer und Knoblauch würzen.

- **Tipp:**
Statt frischem Spinat kann auch TK-Blattspinat verwendet werden.

Kerbel-Spinat-Sauce passt zu gekochten Eiern, jungen Möhren mit Grün oder anderen Gemüsegerichten.

Chinesische Sauce

(Foto Seite 51 oben)
Zubereitungszeit: 35 Min.

Insgesamt:
E: 21 g, F: 6 g, Kh: 50 g,
kJ: 1885, kcal: 450

- 250 ml (1/4 l) Wasser
- 150 ml trockener Weißwein (Riesling oder Silvaner)
- 150 ml Sojasauce
- 3–4 EL Weißweinessig
- 3–4 Knoblauchzehen
- 2 Msp. Ingwerpulver
- 2 EL Zucker
- 2 Sternanis
- 1/2 Zimtstange
- 5 Gewürznelken
- 1 EL Speisestärke
- 2 EL Tomatenketchup
- Salz, Pfeffer

1 Wasser, Wein, Sojasauce und Essig in einen Topf geben und erhitzen. Knoblauch abziehen, fein hacken und hinzufügen. Mit Ingwer, Zucker, Sternanis, Zimtstange und Nelken etwa 15 Minuten ohne Deckel leicht kochen lassen. Sauce durch ein Sieb gießen.

2 Speisestärke mit etwas kaltem Wasser anrühren, unter Rühren in die heiße Sauce geben und kurz aufkochen lassen. Tomatenketchup hinzugeben und nochmals unter Rühren aufkochen lassen. Mit Salz und Pfeffer abschmecken.

Chinesische süsse Chilisauce

(Foto Mitte)
Zubereitungszeit: 35 Min.

Insgesamt:
E: 47 g, F: 67 g, Kh: 171 g,
kJ: 6328, kcal: 1504

- **je 1 rote, grüne und gelbe Paprikaschote (etwa 600 g)**
- **2 EL Speiseöl**
- **500 ml (½ l) süße Chilisauce**
- **200 ml Sweet & Sour Sauce (im Asia-Handel erhältlich)**
- **frisch gemahlener schwarzer Pfeffer**
- **4 EL Sojasauce**

1 Paprikaschoten halbieren, entstielen, entkernen, die weißen Scheidewände entfernen. Schoten waschen, abtropfen lassen und in dünne Streifen schneiden.

2 Speiseöl in einem Topf erhitzen, Paprikastreifen darin andünsten. Chilisauce und Sweet & Sour Sauce hinzugeben und etwa 5 Minuten unter Rühren leicht einkochen lassen. Mit Pfeffer und Sojasauce pikant würzen.

Chilisauce passt zu gegrillten Garnelen, rohem Tunfisch oder Lachs und Reisgerichten. Sie kann durch Zusatz von Tabasco oder Chilischoten in eine scharfe Sauce umgewandelt werden.

Chinasauce süss-scharf

(Foto rechts)
Zubereitungszeit: 15 Min.

Insgesamt:
E: 4 g, F: 40 g, Kh: 58 g,
kJ: 3715, kcal: 887

- **3 Zwiebeln**
- **3 Knoblauchzehen**
- **4 EL Speiseöl**
- **250 ml (¼ l) Sherry (medium)**
- **5 EL Tomatenketchup**
- **2 EL flüssiger Honig**

- **Chili oder Tabasco**
- **Salz**
- **etwas Essig**
- **Sojasauce**
- **frisch gemahlener Pfeffer**

1 Zwiebeln und Knoblauch abziehen und fein würfeln. Speiseöl in einer Pfanne erhitzen. Zwiebel- und Knoblauchwürfel unter Rühren etwa 3 Minuten darin dünsten.

2 Sherry, Ketchup und Honig unterrühren. Sauce unter Rühren aufkochen lassen. Mit Chili oder Tabasco, Salz, Essig, Sojasauce und Pfeffer würzen.

3 Die Sauce zugedeckt erkalten lassen und vor dem Servieren nochmals abschmecken.

Chinasauce zu ausgebackenen oder gegrillten Garnelen servieren.

Süss-saure Sauce

(Foto)
Zubereitungszeit: 35 Min.

Insgesamt:
E: 10 g, F: 2 g, Kh: 52 g,
kJ: 1198, kcal: 284

- **2 grüne Paprikaschoten**
- **1 Dose geschälte Tomaten (Einwaage 400 g)**
- **2 EL Speisestärke**
- **4 EL Weißweinessig**
- **2 EL Zucker**
- **125 ml (¹/₈ l) Tomatensaft**
- **1 EL Sojasauce**
- **Salz**
- **frisch gemahlener Pfeffer**

1 Paprika halbieren, entstielen, entkernen, die weißen Scheidewände entfernen. Schoten waschen und in kleine Würfel schneiden.

2 Tomaten mit der Flüssigkeit in einen Topf geben und die Tomaten zerdrücken. Paprikawürfel hinzufügen, unter Rühren zum Kochen bringen und etwa 5 Minuten bei schwacher Hitze leicht kochen lassen.

3 Speisestärke mit Essig glatt rühren, mit Zucker, Tomatensaft und Sojasauce in die Sauce rühren. Mit Salz und Pfeffer würzen. Die Sauce bei schwacher Hitze etwa 10 Minuten kochen lassen, bis sie sämig wird. Nochmals mit Salz und Pfeffer würzen.

- **Tipp:**

Als Variation können auch 2 gut abgetropfte Ananasscheiben (aus der Dose), in Würfel geschnitten, mitgekocht werden.

Süss-saure Sauce schmeckt besonders gut zu gegrilltem Schweinefleisch oder Hähnchenflügeln.

Indische Sauce

Zubereitungszeit: 25 Min.,
ohne Abkühlzeit

Insgesamt:
E: 11 g, F: 291 g, Kh: 170 g,
kJ: 14473, kcal: 3456

- **3 säuerliche Äpfel**
- **1 Banane**
- **4 EL Speiseöl**
- **2 EL Zitronensaft**
- **1 EL Zucker**
- **3 gestr. EL Currypulver**
- **300 g Mayonnaise**
- **250 g Mango-Chutney**
- **Worcestersauce**

1 Äpfel schälen, vierteln, entkernen. Banane abziehen. Äpfel und Banane in kleine Würfel schneiden.

2 Speiseöl in einem Topf erhitzen. Apfel- und Bananenwürfel mit Zitronensaft und Zucker hinzugeben und darin andünsten, abkühlen lassen.

3 Curry, Mayonnaise, Mango-Chutney und Worcestersauce unterrühren.

Indische Sauce passt zu gegrilltem Fleisch.

Luau-Sauce

(Foto)
Zubereitungszeit: 25 Minuten

Insgesamt:
E: 3 g, F: 1 g, Kh: 136 g,
kJ: 2488, kcal: 594

- **2 kleine Dosen fein geraspelte Ananas (Abtropfgewicht je 278 g)**
- **10 EL Ananassaft**
- **5 gestr. EL brauner Zucker**
- **4–5 EL Apfelessig**
- **1 TL Knoblauchsalz**
- **Cayennepfeffer**
- **½ TL gemahlener schwarzer Pfeffer**
- **Tabasco**

1 Ananasraspel in einem Sieb abtropfen lassen und den Saft dabei auffangen. 10 Esslöffel davon abnehmen und in einem kleinen Topf erhitzen. Zucker darin auflösen. Ananasraspel und Essig unterrühren. Die Sauce etwa 2 Minuten kochen lassen.

2 Mit Knoblauchsalz, Cayennepfeffer, Pfeffer und Tabasco würzen.

- **Tipp:**

Nach Belieben die Sauce mit 2 Teelöffeln angerührter Speisestärke binden.

Luau-Sauce eignet sich für Geflügelgerichte, Ente und Fisch.

Mandarinensauce

Zubereitungszeit: 25 Min.

Insgesamt:
E: 8 g, F: 83 g, Kh: 48 g,
kJ: 4164, kcal: 995

- **2 EL Salatmayonnaise**
- **250 g Crème fraîche**
- **1 TL Currypulver**
- **Salz**
- **frisch gemahlener weißer Pfeffer**
- **1 Dose Mandarinen (Abtropfgewicht 185 g)**
- **4–5 EL Mandarinensaft**

1 Mayonnaise mit Crème fraîche verrühren. Mit Curry, Salz und Pfeffer würzen.

2 Die Mandarinen in einem Sieb abtropfen lassen, den Saft dabei auffangen und 4–5 Esslöffel davon abmessen. Mandarinensaft unter die Sauce rühren.

3 Die Mandarinen etwas zerkleinern und vorsichtig unterheben. Evtl. nochmals mit Curry, Salz und Pfeffer würzen.

Mandarinensauce passt zu in Teig gebackenen Garnelen oder Taco-Chips.

EINFACH

Würzige Olivensauce

(Foto)
Zubereitungszeit: 30 Min.

Insgesamt:
E: 6 g, F: 39 g, Kh: 16 g,
kJ: 1963, kcal: 467

- 2 Schalotten (etwa 60 g)
- 1 Glas grüne Oliven ohne Stein (Abtropfgewicht 70 g)
- 1 Glas schwarze Oliven ohne Stein (Abtropfgewicht 70 g)
- 1 Röhrchen Kapern (30 g)
- 2 EL Olivenöl

- 1 Tetra-Pak (400 g) Pomito (Tomatenstücke in eigenem Saft)
- Thymian
- Salz
- frisch gemahlener Pfeffer
- Knoblauchpulver

1 Schalotten abziehen und fein würfeln. Beide Olivensorten in einem Sieb abtropfen lassen, in Scheiben schneiden. Kapern ebenfalls in einem Sieb abtropfen lassen und grob zerkleinern.

2 Olivenöl in einem kleinen Topf erhitzen, Schalottenwürfel und Olivenscheiben darin andünsten. Tomatenstücke mit dem Saft hinzugeben. Kapern unterrühren. Mit Thymian, Salz, Pfeffer und Knoblauch würzen. Die Sauce etwa 5 Minuten leicht kochen und etwas abkühlen lassen.

Olivensauce passt zu kleinen, gebratenen Fischen, insbesondere zu Mittelmeerfischen oder zu kurz gebratenem Lammfleisch.

Sardellen-Kapern-Sauce

Zubereitungszeit: 30 Min.

Insgesamt:
E: 20 g, F: 115 g, Kh: 39 g,
kJ: 5460, kcal: 1304

- 1 kleines Glas (40 g) Kapern
- 8 Sardellenfilets
- 1 Bund glatte Petersilie
- 350 g Salatmayonnaise
- Salz
- frisch gemahlener Pfeffer

1 Kapern und Sardellenfilets in einem Sieb abtropfen lassen und fein hacken.

2 Petersilie abspülen, trockentupfen, die Blättchen von den Stängeln zupfen. Petersilie fein hacken und hinzugeben.

3 Kapern-, Sardellenstückchen und Petersilie mit der Mayonnaise verrühren. Die Sauce mit Salz und Pfeffer würzen und bis zum Verzehr kalt stellen.

Sardellen-Kapern-Sauce zu gegrillter Scholle, Forellen oder zu Garnelen aller Art reichen.

Spanische Olivensauce

(Foto)
Zubereitungszeit: 35 Min.

Insgesamt:
E: 32 g, F: 159 g, Kh: 26 g,
kJ: 8008, kcal: 1912

- 4 kleine Zwiebeln oder 8 Schalotten
- 4 EL Olivenöl
- 80 g Frühstücksspeck (Bacon)
- 3 grüne Porreeblätter
- 1 gestr. EL Weizenmehl
- 400 ml Geflügelfond
- 200 ml trockener Sherry
- 1 TL gerebelter Thymian
- 1 Lorbeerblatt
- je 8 grüne und schwarze Oliven ohne Stein
- Salz, Pfeffer

1 Zwiebeln oder Schalotten abziehen. Olivenöl in einem Topf erhitzen. Zwiebeln oder Schalotten von allen Seiten darin bräunen.

2 Frühstücksspeck in Streifen schneiden und dazugeben. Porreeblätter waschen, trockentupfen, in feine Streifen schneiden und kurz mitdünsten.

3 Mehl darüber stäuben und hellbraun andünsten. Geflügelfond und Sherry unter Rühren hinzugießen.

4 Die Sauce mit Thymian und Lorbeerblatt würzen und etwa 5 Minuten bei schwacher Hitze kochen lassen. Oliven vierteln, entsteinen und zur Sauce geben. Mit Salz, Pfeffer und Thymian abschmecken.

Zigeunersauce

Zubereitungszeit: 35 Min.

Insgesamt:
E: 12 g, F: 52 g, Kh: 81 g,
kJ: 3659, kcal: 874

- 5 EL Olivenöl
- 2 Zwiebeln
- 2 Knoblauchzehen
- 1 rote Paprikaschote
- ½ Flasche (250 g) Tomatenketchup
- 3 EL Tomatenmark
- 125 ml (⅛ l) Tomatensaft
- 2 TL mittelscharfer Senf
- einige Spritzer Tabasco
- Paprika, Pfeffer, Salz
- je ½ Bund glatte Petersilie und Schnittlauch
- 3 Gewürzgurken

1 Olivenöl in einem Topf erhitzen. Zwiebeln und Knoblauch abziehen, in feine Würfel schneiden. Zwiebel- und Knoblauchwürfel in dem Olivenöl andünsten.

2 Paprika halbieren, entstielen, entkernen, die weißen Scheidewände entfernen. Schote waschen, in feine Streifen schneiden und kurz mitdünsten lassen.

3 Tomatenketchup, -mark, -saft und Senf hinzufügen. Die Zutaten zum Kochen bringen und etwa 10 Minuten leicht kochen lassen, dabei ab und zu umrühren.

4 Die Sauce mit Tabasco, Paprika, Pfeffer und Salz würzen. Petersilie und Schnittlauch abspülen, trockentupfen, fein schneiden und unter die Sauce rühren.

5 Gurken in feine Streifen schneiden und ebenfalls unterrühren.

Currysauce mit Bohnen

(Foto)
Zubereitungszeit: 40 Min.,
ohne Abkühlzeit

Insgesamt:
E: 19 g, F: 38 g, Kh: 51 g
kJ: 2751, kcal: 656

- **350 g grüne Bohnen**
- **2 Zwiebeln**
- **3 EL Olivenöl**
- **2 gestr. EL Currypulver**
- **250 ml (¼ l) Hühner- oder Fleischbrühe**
- **1 reife Banane**
- **1 rote Peperoni**
- **Salz**
- **frisch gemahlener Pfeffer**

1 Von den Bohnen die Enden abschneiden, Bohnen evtl. abfädeln, waschen, abtropfen lassen und schräg in Streifen hobeln oder schneiden.

2 Zwiebeln abziehen und fein würfeln.

3 Öl in einem Topf erhitzen, die Zwiebelwürfel und Bohnen hineingeben und andünsten, mit Curry bestreuen, ebenfalls kurz andünsten. Die Hühner- oder Fleischbrühe hinzugießen und die Bohnen zugedeckt bei schwacher Hitze etwa 10 Minuten garen. Sauce etwas abkühlen lassen.

4 Die Banane schälen und mit einer Gabel zerdrücken und unter die Bohnensauce rühren. Die Sauce damit binden.

5 Peperoni waschen, längs aufschneiden, entkernen und in Streifen schneiden. Peperonistreifen in die Sauce geben. Bis zur gewünschten Konsistenz einkochen lassen. Mit Salz und Pfeffer würzen.

Currysauce passt sehr gut zu Geflügel, hellem Fleisch oder Leber.

Kalte Currysauce

Zubereitungszeit: 25 Min.,
ohne Abkühlzeit

Insgesamt:
E: 24 g, F: 63 g, Kh: 102 g,
kJ: 4670, kcal: 1116

- **2 mittelgroße Äpfel**
- **2 Zwiebeln**
- **40 g Butter**
- **150 g Mango-Chutney**
- **150 g saure Sahne**
- **300 g Naturjoghurt**
- **1 EL Currypulver**
- **2 EL Sojasauce**
- **1 TL Sambal Oelek**
- **Salz, Pfeffer**
- **etwas Zucker**

1 Äpfel waschen, abtrocknen, evtl. schälen, vierteln und entkernen. Äpfel auf einer Haushaltsreibe reiben. Zwiebeln abziehen, in feine Würfel schneiden oder ebenfalls reiben. Butter in einer Pfanne zerlassen. Apfel- und Zwiebelraspel oder -würfel darin andünsten, erkalten lassen.

2 Mango-Chutney evtl. durch ein Sieb streichen, mit der Apfel-Zwiebel-Mischung, Sahne, Joghurt, Curry, Sojasauce und Sambal Oelek vermengen.

3 Die Sauce mit Salz, Pfeffer und Zucker würzen.

Kalte Currysauce schmeckt sehr gut zu gegrilltem Geflügel oder zu Fondue.

Tomaten-Pfeffer-Sauce

(Foto)
Zubereitungszeit: 10 Min.

Insgesamt:
E: 10 g, F: 52 g, Kh: 49 g,
kJ: 3084, kcal: 739

- **750 g Fleischtomaten**
- **100 ml Tomatenketchup**
- **1 EL grüne Pfefferkörner**
- **5 EL Olivenöl**

- **1 TL geriebener Meerrettich (aus dem Glas)**
- **Salz**
- **1 EL Kerbelblättchen**

1 Tomaten waschen, abtropfen lassen, kreuzweise einschneiden und einige Sekunden in kochendes Wasser legen. Tomaten kurz in kaltes Wasser legen, enthäuten, halbieren, entkernen, Stängelansätze heraus-schneiden. Fruchtfleisch in Würfel schneiden.

2 Tomatenwürfel mit Ketchup und Pfefferkörnern mischen. Olivenöl hinzugeben und unterrühren. Die Sauce mit Meerrettich und Salz würzen. Kerbelblättchen unterrühren.

Tomaten-Pfeffer-Sauce passt zu gegrilltem Fleisch und ge-backenem Geflügel.

Portugiesische Sauce

Zubereitungszeit: 30 Min.

Insgesamt:
E: 22 g, F: 44 g, Kh: 81 g,
kJ: 4017, kcal: 962

- **2 Zwiebeln**
- **4 EL Olivenöl**
- **1 kg Fleischtomaten**
- **4 Knoblauchzehen**
- **1 Dose passierte Tomaten (Einwaage 400 g)**
- **200 ml Weißwein**
- **Salz, Pfeffer**
- **2 TL Zucker**
- **2 TL getrocknete Kräuter, z. B. Oregano, Majoran**
- **1 EL glatte, gehackte Petersilie**

1 Zwiebeln abziehen und in feine Würfel schneiden. Olivenöl in einem Topf erhitzen. Zwiebelwürfel darin andünsten.

2 Tomaten waschen, abtropfen lassen, kreuzweise einschneiden und kurz in kochendes Wasser legen. Tomaten enthäuten, Stängelansätze herausschneiden, Tomaten entkernen und Fruchtfleisch in Würfel schneiden.

3 Knoblauch abziehen und durch eine Knoblauchpresse drücken. Knoblauch und Tomatenwürfel zu den Zwiebelwürfeln geben und unter Rühren mitdünsten lassen. Passierte Tomaten mit dem Saft und Wein hinzugeben. Mit Salz, Pfeffer und Zucker würzen. Kräuter hinzufügen.

4 Die Zutaten unter Rühren zum Kochen bringen und so lange kochen lassen, bis eine etwas dick-liche Sauce entstanden ist. Die Sauce mit den Gewürzen abschmecken.

5 Petersilie abspülen, trocken-tupfen, fein hacken und unterrühren.

Portugiesische Sauce passt zu Tintenfischringen oder Fischspießchen.

Peperonisauce süss-sauer

(Foto)
Zubereitungszeit: 35 Min.

Insgesamt:
E: 10 g, F: 43 g, Kh: 32 g,
kJ: 2443, kcal: 586

- **800 g reife Tomaten**
- **2 Zwiebeln**
- **2 Knoblauchzehen**
- **4 EL Olivenöl**
- **125 ml (¹/₈ l) Gemüsebrühe**
- **5 EL Balsamicoessig**
- **1 grüne Pfefferschote**
- **2 rote Pfefferschoten**
- **2 EL eingelegte rote Paprikastreifen**
- **Salz, Pfeffer, Zucker**
- **Cayennepfeffer**

1 Tomaten waschen, abtropfen lassen, kreuzweise einschneiden und einige Sekunden in kochendes Wasser legen. Tomaten kurz in kaltes Wasser legen, enthäuten, halbieren, entkernen, Stängelansätze herausschneiden. Fruchtfleisch grob hacken.

2 Zwiebeln und Knoblauch abziehen und würfeln.

3 Olivenöl in einem Topf erhitzen. Zwiebel- und Knoblauchwürfel darin andünsten. Tomatenstückchen hinzufügen. Gemüsebrühe und Essig hinzugießen.

4 Pfefferschoten waschen, halbieren, entkernen und in Streifen schneiden. Pfefferschotenstreifen zur Brühe geben, Brühe zum Kochen bringen und Pfefferschoten etwa 5 Minuten mitgaren lassen. Mit Salz, Pfeffer, Zucker und Cayennepfeffer süß-sauer abschmecken, erkalten lassen. Zuletzt die Paprikastreifen unterrühren.

Peperonisauce zu gegrillten Shrimps oder Frühlingsröllchen reichen.

Ceylonsauce

Zubereitungszeit: 30 Min.

Insgesamt:
E: 24 g, F: 104 g, Kh: 46 g,
kJ: 5463, kcal: 1306

- **4 Schalotten**
- **2 Knoblauchzehen**
- **1 TL Salz**
- **2 kleine rote Peperoni**
- **5 EL Speiseöl**
- **100 g abgezogene, gemahlene Mandeln**
- **400 ml Orangensaft**
- **Zucker, Pfeffer**

1 Schalotten abziehen und in feine Würfel schneiden.

2 Knoblauch abziehen und mit Salz zerdrücken.

3 Peperoni entstielen, halbieren, entkernen, waschen, abtrocknen und in kleine Würfel schneiden.

4 Speiseöl in einem Topf erhitzen. Schalottenwürfel, Mandeln und Peperonistückchen hinzugeben und unter Rühren hellbraun rösten.

5 Orangensaft hinzugießen und unter Rühren zum Kochen bringen. Die Sauce etwa 5 Minuten kochen lassen. Mit Salz, Zucker und Pfeffer würzen. Die Sauce warm oder kalt servieren.

Ceylonsauce zu Hühnerfleisch oder zu Eiern reichen.

GUT VORZUBEREITEN · RAFFINIERT

Peperonisauce

(Foto)
Zubereitungszeit: 35 Min.

Insgesamt:
E: 16 g, F: 7 g, Kh: 32 g,
kJ: 1174, kcal: 284

- **1 kg reife Tomaten**
- **200 ml Fleischbrühe**
- **2 grüne Pfefferschoten**
- **1 rote Pfefferschote**
- **75 g eingelegte, rote Paprikastreifen**
- **Salz**
- **frisch gemahlener Pfeffer**

1 Tomaten waschen, abtropfen lassen, kreuzweise einschneiden und kurz in kochendes Wasser legen. Tomaten enthäuten, Stängelansätze herausschneiden und Fruchtfleisch grob hacken.

2 Fleischbrühe zum Kochen bringen. Tomatenstücke hinzugeben und etwa 5 Minuten kochen. Pfefferschoten waschen, abtrocknen, halbieren, entstielen, entkernen, in Streifen schneiden, zu den Tomatenstücken geben und kurz mitkochen lassen.

3 Zuletzt Paprikastreifen unter die Sauce rühren. Mit Salz und Pfeffer würzen.

■ Tipp:

Es ist auch sehr praktisch, für die Zubereitung der Sauce den Bratensatz des kurz Gebratenen zu verwenden, dann die Tomatenwürfel darin andünsten.

Peperonisauce zu Steaks und kurz Gebratenem reichen.

Kalifornische Sauce

Zubereitungszeit: 15 Min.

Insgesamt:
E: 28 g, F: 103 g, Kh: 36 g,
kJ: 5110, kcal: 1222

- **200 g Doppelrahm-Frischkäse**
- **125 ml (1/8 l) Schlagsahne**
- **8 EL Tomatenketchup**
- **etwas Worcestersauce**
- **1 TL Zitronensaft**
- **1 EL Paprikapulver, edelsüß**
- **etwas Tabasco**
- **Salz**
- **frisch gemahlener Pfeffer**
- **etwas Zucker**

1 Frischkäse in eine Schüssel geben, mit Sahne und Ketchup gut verrühren.

2 Worcestersauce, Zitronensaft, Paprika und Tabasco unterrühren.

3 Die Sauce mit Salz, Pfeffer und Zucker abschmecken.

Kalifornische Sauce passt zum Dippen von Gemüsestangen wie Möhren, Paprika oder Sellerie.

Ajvar (Jugoslawische Paprikasauce)

(Foto)
Zubereitungszeit: 60 Min.,
ohne Ruhezeit

Insgesamt:
E: 12 g, F: 102 g, Kh: 37 g,
kJ: 4854, kcal: 1159

- **3 rote Paprikaschoten**
- **2 EL Olivenöl**
- **1 Aubergine (etwa 300 g)**
- **1 rote Peperoni**
- **2 Knoblauchzehen**
- **1 Zwiebel**
- **1 Fleischtomate**
  (etwa 250 g)
- **8 EL Olivenöl**
- **2 EL Zitronensaft**
- **Salz**
- **frisch gemahlener Pfeffer**
- **Paprikapulver, edelsüß**

1 Paprika halbieren, entstielen, entkernen, die weißen Scheidewände entfernen. Schoten waschen, trockentupfen und vierteln. Paprikastücke mit der Hautseite nach oben auf ein Backblech (gefettet, mit Backpapier belegt) legen. Das Backblech in den Backofen schieben.

Ober-/Unterhitze:
etwa 220 °C (vorgeheizt)
Heißluft: etwa 200 °C (vorgeheizt)
Gas: Stufe 4–5 (vorgeheizt)
Backzeit: etwa 15 Min. (Paprika so lange backen, bis die Haut Blasen wirft.)

2 Das Backblech auf einen Rost stellen. Paprikastücke 10 Minuten unter einem feuchten Tuch ruhen lassen, dann häuten.

3 Aubergine waschen, Stängelansatz abschneiden und die Aubergine dünn schälen. Aubergine in Würfel schneiden. Peperoni waschen, abtrocknen, halbieren und entkernen.

4 Knoblauchzehen und Zwiebel abziehen und in Würfel schneiden. Tomate waschen, abtropfen lassen, kreuzweise einschneiden und einige Sekunden in kochendes Wasser legen. Tomate kurz in kaltes Wasser legen, enthäuten, halbieren, entkernen, Stängelansatz herausschneiden. Fruchtfleisch in Würfel schneiden.

5 Die vorbereiteten Zutaten mit Olivenöl und Zitronensaft in eine hohe Rührschüssel geben und mit dem Pürierstab zerkleinern (es soll jedoch kein Mus entstehen). Die Sauce mit Salz, Pfeffer und Paprika würzen.

Ajvar schmeckt sehr gut zu gegrilltem Lammfleisch oder zu Schweinemedaillons. Sehr lecker auch zu gegrilltem Gemüse.

Pikante Pilzsauce

(Foto links)
Zubereitungszeit: 50 Min.

Insgesamt:
E: 35 g, F: 294 g, Kh: 47 g,
kJ: 13449, kcal: 3214

- **200 g weiße Champignons**
- **200 g Austernpilze**
- **2 Zwiebeln (etwa 100 g)**
- **150 g magerer,**
  durchwachsener Speck
- **4 EL Pflanzenöl**
- **150 ml Rotwein**
- **500 ml (½ l) Schlagsahne**
- **Salz**
- **1 EL grüne Pfefferkörner**
- **2 EL Preiselbeerkonfitüre**

1 Champignons und Austernpilze putzen, mit Küchenpapier abreiben, evtl. abspülen, trockentupfen. Zwiebeln abziehen. Champignons und Austernpilze in grobe Stücke, Zwiebeln und Speck in feine Würfel schneiden.

2 Pflanzenöl in einem Topf erhitzen. Zwiebelwürfel darin glasig dünsten, Pilz-und Speckwürfel hinzugeben und einige Minuten andünsten, Rotwein hinzugießen. Sauce einkochen lassen. Sahne unterrühren, die Sauce mit Salz würzen.

3 Pfefferkörner und Konfitüre hinzugeben. Sauce bis zur gewünschten Konsistenz einkochen lassen, nochmals abschmecken.

Pikante Pilzsauce passt zu kurz gebratenem Wildfleisch, z. B. Rehsteaks oder zu gebratenem Geflügel, z. B. Hähnchen-oder Poulardenbrust.

Brombeersauce

(Foto rechts)
Zubereitungszeit: 20 Min.

Insgesamt:
E: 5 g, F: 18 g, Kh: 104 g,
kJ: 4684, kcal: 1116

- **2 Zwiebeln**
- **2 EL Butter**
- **8 EL Brombeergelee**
- **1 Flasche (0,7 l)**
  kräftiger Rotwein
- **1 Msp. gemahlener Piment**
- **Salz, Pfeffer**
- **evtl. einige frische**
  Brombeeren

1 Zwiebeln abziehen und fein würfeln. Butter in einem Topf zerlassen, Zwiebelwürfel darin goldbraun rösten. Gelee hineingeben und unter Rühren darin erhitzen.

2 Rotwein hinzugießen und bis zur gewünschten Konsistenz einkochen lassen. Mit Piment, Salz und Pfeffer würzen. Vor dem Servieren evtl. einige frische Brombeeren unterheben.

Brombeersauce schmeckt zu kurz Gebratenem und Wild-Steaks.

Pflaumen-Rotwein-Sauce

(Foto)
Zubereitungszeit: 35 Min.

Insgesamt:
E: 17 g, F: 5 g, Kh: 333 g,
kJ: 8843, kcal: 2111

- **500 g entsteinte Trockenpflaumen**
- **1 Stange Zimt**
- **3 Gewürznelken**
- **2 Sternanis**
- **3 EL brauner Zucker**
- **1 Flasche (0,7 l) kräftiger Rotwein**
- **1 EL Speisestärke**
- **etwas Wasser**

1 Pflaumen, Zimtstange, Nelken, Sternanis, Zucker und Rotwein zugedeckt in einem Topf etwa 15 Minuten leicht kochen lassen. Stangenzimt, Nelken und Sternanis herausnehmen.

2 Speisestärke mit Wasser anrühren. Angerührte Speisestärke unter Rühren in den von der Kochstelle genommenen Rotwein geben und kurz aufkochen lassen.

Pflaumensauce schmeckt sehr gut zu Vanille-Pudding, Grießbrei, Milchreis oder Klößen oder zu asiatischen Frühlingsröllchen.

■ Tipp:
Für asiatische Gerichte noch 2 Esslöffel Pflaumenwein hinzufügen.
Für Kinder – aber natürlich auch für Erwachsene – kann der Rotwein durch roten Traubensaft ersetzt werden.

Feine Preiselbeersauce

Zubereitungszeit: 20 Min.

Insgesamt:
E: 4 g, F: 78 g, Kh: 113 g,
kJ: 5157, kcal: 1232

- **300 g Preiselbeerkompott (aus dem Glas)**
- **250 g Salatmayonnaise**
- **abgeriebene Schale von 1 Orange (unbehandelt)**
- **2 TL scharfer Senf**
- **2 TL Zitronensaft**
- **2 EL Orangensaft**
- **frisch gemahlener weißer Pfeffer**
- **Salz**

1 Preiselbeerkompott durch ein Sieb streichen oder im Mixer pürieren. Kompott in eine Schüssel geben.

2 Mayonnaise, Orangenschale, Senf, Zitronen- und Orangensaft hinzufügen und zu einer glatten Masse verrühren.

3 Die Sauce mit Pfeffer und Salz würzen.

Feine Preiselbeersauce passt zu Wild- und Fleischsalaten.

Pistaziensauce

(Foto)
Zubereitungszeit: 35 Min.

Insgesamt:
E: 60 g, F: 152 g, Kh: 241 g,
kJ: 11033, kcal: 2633

- **6 Eigelb**
- **200 g gesiebter Puderzucker**
- **100 g gemahlene Pistazienkerne**
- **500 ml (½ l) kochende Milch**
- **1 Becher (150 g) Crème fraîche**

1 Eigelb mit Puderzucker verrühren und in eine hitzebeständige Schüssel geben.

2 Eigelbmasse mit Handrührgerät mit Rührbesen auf niedrigster Stufe im Wasserbad schaumig schlagen. Nach und nach Pistazienkerne und Milch hinzugeben und so lange weiterschlagen (etwa 15 Minuten), bis eine dickliche Masse entstanden ist.

3 Crème fraîche unterrühren. Die Sauce im kalten Wasserbad erkalten lassen, dabei ab und zu umrühren.

Pistaziensauce zu Pudding oder Eis reichen.

Tomaten-Paprika-Salsa

Zubereitungszeit: 45 Min.

Insgesamt:
E: 14 g, F: 8 g, Kh: 286 g,
kJ: 5678, kcal: 1357

- **450 g Tomaten, vorbereitet gewogen**
- **200 g rote Paprikaschoten, vorbereitet gewogen**
- **100 g Zwiebeln, vorbereitet gewogen**
- **2 Chilischoten**
- **100 ml Weißweinessig**
- **125 ml (⅛ l) Rotwein**
- **Salz**
- **1 TL Paprikapulver**
- **1 TL Chilipulver**
- **1 TL gemahlener Ingwer**
- **1 TL Senfkörner, Pfeffer**
- **½ Pck. (250 g) Extra Gelier-Zucker**

1 Tomaten waschen, abtropfen lassen, kreuzweise einschneiden und einige Sekunden in kochendes Wasser legen. Tomaten kurz in kaltes Wasser legen, enthäuten, halbieren, entkernen, Stängelansätze herausschneiden. Fruchtfleisch in Würfel schneiden.

2 Paprika halbieren, entstielen, entkernen, die weißen Scheidewände entfernen. Die Schoten waschen und trockentupfen. Zwiebeln abziehen. Chilischoten abspülen, abtrocknen, halbieren, entstielen, entkernen. Paprika, Zwiebeln und Chilischoten in feine Würfel schneiden.

3 Tomaten-, Paprika-, Zwiebel- und Chiliwürfel in einen Topf geben. Essig und Rotwein hinzugießen. Die Zutaten unter Rühren zum Kochen bringen und etwa 5 Minuten kochen lassen, dabei ab und zu umrühren. Die Salsa mit Salz, Paprika, Chili, Ingwer, Senfkörnern und Pfeffer würzen. Gelierzucker unterrühren. Die Salsa in vorbereitete Gläser füllen. Mit Twist-off-Deckeln® verschließen, umdrehen und etwa 5 Minuten auf dem Deckel stehen lassen.

FÜR GÄSTE

Mango-Salsa

(Foto oben)
Zubereitungszeit: 40 Min.

Insgesamt:
E: 22 g, F: 42 g, Kh: 218 g,
kJ: 5849, kcal: 1399

- 1 rote und grüne Paprikaschote (je etwa 200 g)
- 3 Frühlingszwiebeln
- 2 kleine Dosen Mango
  (Abtropfgewicht je 280 g)
- 4 EL Speiseöl
- 75 g Zucker
- 500 ml (½ l)
  Gemüsebrühe oder -fond
- 1 EL Speisestärke
- Salz, Pfeffer
- etwas Weinessig
- einige Spritzer Tabasco

1 Paprikaschoten halbieren, entstielen, entkernen, die weißen Scheidewände entfernen. Schoten waschen, abtropfen lassen und in kleine Würfel schneiden. Frühlingszwiebeln putzen, waschen, abtropfen lassen und in feine Ringe schneiden. Mango in einem Sieb abtropfen lassen, den Saft dabei auffangen. Mango in Würfel schneiden.

2 Speiseöl in einem Topf erhitzen, Paprikawürfel und Zwiebelringe darin andünsten. Zucker hinzugeben und unter Rühren goldbraun karamellisieren lassen. Gemüsebrühe hinzugießen (vorsichtig arbeiten, denn der Zucker hat eine Temperatur von etwa 180 °C) und einige Minuten kochen lassen, bis sich der Zucker wieder aufgelöst hat.

3 Speisestärke mit etwas von dem Mangosaft anrühren und unter Rühren in die von der Kochstelle genommene Sauce geben, kurz aufkochen lassen. Zuletzt Mangowürfel unterheben. Mit Salz, Pfeffer, Essig und Tabasco würzen. Mit etwas Mangosaft abschmecken.

Texas-Salsa

(Foto unten)
Zubereitungszeit: 30 Min.

Insgesamt:
E: 17 g, F: 35 g, Kh: 146 g,
kJ: 4130, kcal: 988

- 200 g Zwiebeln
- 300 g Fleischtomaten
- 1 Bund glatte Petersilie
- 3 EL Pflanzenöl
- 2 gestr. TL Currypulver
- 300 ml Gemüsebrühe
  oder -fond
- 500 ml (½ l) Tomatenketchup
- Saft von 1 Limette
- Salz, Pfeffer
- Cayennepfeffer

1 Zwiebeln abziehen. Tomaten waschen, abtrocknen, halbieren, Stängelansätze herausschneiden und Tomaten entkernen. Zwiebeln und Tomatenfleisch in kleine Würfel schneiden. Petersilie abspülen, trockentupfen und fein hacken.

2 Pflanzenöl in einem Topf erhitzen. Zwiebelwürfel darin glasig dünsten. Tomatenwürfel hinzugeben und unter Rühren mit andünsten. Currypulver darüber streuen. Gemüsebrühe oder -fond hinzugießen, aufkochen und etwa 5 Minuten leicht kochen lassen.

3 Ketchup, Limettensaft und Petersilie unterrühren. Mit Salz, Pfeffer und Cayennepfeffer würzen.

Mexikanische Sauce

(Foto links)
Zubereitungszeit: 35 Min.

Insgesamt:
E: 17 g, F: 185 g, Kh: 75 g,
kJ: 8870, kcal: 2118

- **3 reife Avocados**
- **6 EL Tomatenmark**
- **2 mittelgroße Zwiebeln**
- **5 EL Olivenöl**
- **Salz**
- **Cayennepfeffer**
- **gemahlener Koriander**

- **2–3 EL Rotweinessig**
- **1 TL Zucker**
- **50 g Rosinen (in Wasser eingeweicht)**

1 Avocados halbieren, entkernen. Fruchtfleisch aus der Schale lösen, mit einer Gabel gut zerdrücken oder mit dem Pürierstab grob pürieren. Tomatenmark unterrühren.

2 Zwiebeln abziehen, fein reiben oder würfeln und hinzufügen. Olivenöl unterrühren. Die Sauce mit Salz, Cayennepfeffer und Koriander würzen. Essig und Zucker hinzugeben.

3 Rosinen in einem Sieb abtropfen lassen und sehr fein hacken. Rosinenstückchen unter die Sauce rühren. Mit Salz, Cayennepfeffer und Koriander nochmals abschmecken.

Mexikanische Sauce zu Tortillas, Kräckern oder zu dunklem Brot reichen.

Curry-Kokos-Salsa

(Foto rechts)
Zubereitungszeit: 50 Min.

Insgesamt:
E: 5 g, F: 35 g, Kh: 41 g,
kJ: 2166, kcal: 517

- **4 Schalotten (etwa 150 g) oder 2 Zwiebeln**
- **3 EL Pflanzenöl**
- **2 gestr. EL Currypulver oder -paste**
- **1 Dose (400 ml) Kokosmilch**
- **250 ml (1/4 l) Gemüsebrühe**
- **1 EL Speisestärke**
- **etwas Wasser**

- **1 Bund Koriander**
- **Salz, Pfeffer**
- **Fischsauce (Asia-Handel)**

1 Schalotten oder Zwiebeln abziehen und fein würfeln. Öl in einem Topf erhitzen, Schalotten- oder Zwiebelwürfel darin glasig dünsten, Currypulver oder -paste unterrühren. Kokosmilch und Brühe hinzugießen. Die Sauce unter gelegentlichem Rühren um etwa ein Drittel einkochen lassen.

2 Speisestärke mit Wasser anrühren und in die von der Kochstelle genommene Sauce einrühren, nochmals einige Minuten kochen lassen (sie sollte einen leicht cremigen Charakter haben).

3 Koriander abspülen und trockentupfen. Die Blättchen von den Stängeln zupfen und fein hacken. Die Sauce mit Salz, Pfeffer und Fischsauce würzen. Koriander unterrühren.

Curry-Kokos-Salsa passt zu kurz gebratenem Schweinefleisch und Fisch.

Süss-saure Tomaten-Salsa

(Foto oben und unten)
Zubereitungszeit: 50 Min.

Insgesamt:
E: 7 g, F: 35 g, Kh: 42 g,
kJ: 2065, kcal: 490

- **je eine kleine rote, gelbe und grüne Paprikaschote (etwa 600 g)**
- **3 EL Olivenöl**
- **20 g Zucker**

- **1 Pck. (300 g) Tomatenwürfel im eigenen Saft (Fertigprodukt)**
- **2 EL Weißweinessig**
- **Salz**
- **frisch gemahlener Pfeffer**
- **Knoblauchpulver**

1 Paprikaschoten halbieren, entstielen, entkernen, die weißen Scheidewände entfernen. Schoten waschen, abtropfen lassen und fein würfeln.

2 Olivenöl in einer Pfanne erhitzen, Paprikawürfel darin anbraten, mit Zucker bestreuen und bei schwacher Hitze karamellisieren lassen, dabei ab und zu umrühren. Tomatenwürfel mit dem Saft und Weinessig hinzugeben, etwa 10 Minuten leicht kochen lassen. Mit Salz, Pfeffer und Knoblauch würzen.

Tomaten-Salsa passt zu gebratenen Garnelen oder kurz gebratenem Geflügel.

Pikante Gemüsesalsa mit Chili und Soja

(Foto Mitte)
Zubereitungszeit: 35 Min.

Insgesamt:
E: 14 g, F: 35 g, Kh: 28 g,
kJ: 2093, kcal: 497

- **1 Bund (300 g) Suppengrün**
- **1 Zwiebel (etwa 50 g)**
- **3 EL Olivenöl**
- **300 ml Gemüsebrühe oder -fond**
- **1 frische oder getrocknete Chilischote**
- **3 EL Sojasauce**
- **Salz**

- **frisch gemahlener Pfeffer**
- **1 gestr. EL Speisestärke**
- **etwas Wasser**

1 Suppengrün putzen, waschen und abtropfen lassen. Zwiebel abziehen. Suppengrün und Zwiebel in kleine Würfel schneiden.

2 Olivenöl in einem Topf erhitzen. Suppengrün- und Zwiebelwürfel hinzugeben und leicht dünsten. Brühe oder Fond hinzugießen.

3 Frische Chilischote waschen, abtropfen lassen, hinzufügen und mit Sojasauce, Salz und Pfeffer würzen. Die Sauce 10–15 Minuten leicht kochen lassen.

4 Speisestärke mit Wasser anrühren und unter Rühren in die von der Kochstelle genommene Sauce geben, nochmals kurz aufkochen lassen und pikant abschmecken.

Gemüse-Sauce passt zu Geflügelgeschnetzeltem oder Reisgerichten.

GUT VORZUBEREITEN

Ingwer-Curry-Dressing

(Foto)
Zubereitungszeit: 25 Min.

Insgesamt:
E: 24 g, F: 104 g, Kh: 73 g,
kJ: 5589, kcal: 1337

- 300 g Naturjoghurt
- 2 Becher (je 150 g) Crème fraîche
- 2 gestr. TL gemahlener Ingwer

- 1 gestr. EL Currypulver
- 1 TL gemahlener Koriander
- 1–2 EL flüssiger Honig
- 1 gestr. EL Dijon-Senf
- 1–2 EL Ingwerkonfitüre
- 1 TL gemahlener Zimt
- Salz, Zucker

1 Joghurt in einem Sieb (mit Küchenpapier ausgelegt) abtropfen lassen. Crème fraîche mit Ingwer, Curry, Koriander, Honig, Senf, Konfitüre, Zimt und Joghurt verrühren. Mit Salz und Zucker würzen.

Ingwer-Curry-Dressing zu Salaten, gegrilltem Fleisch oder Fondue reichen.

Guacomole (Mexikanische Avocadocreme)

Zubereitungszeit: 25 Min.

Insgesamt:
E: 26 g, F: 163 g, Kh: 26 g,
kJ: 7346, kcal: 1754

- 2 Bund glatte Petersilie
- 3 Schalotten
- 6 EL Speiseöl
- 2 weiche Avocados
- 2 hart gekochte Eier
- Saft von 1 Zitrone
- Salz
- Cayennepfeffer

1 Petersilie abspülen, trockentupfen und grob zerhacken. Schalotten abziehen. Petersilie, Schalotten und Speiseöl mit dem Pürierstab pürieren.

2 Avocados halbieren und die Kerne entfernen. Avocados schälen. Eier pellen und grob würfeln.

3 Avocadohälften, Eiwürfel und Zitronensaft zu der Petersilien-Schalotten-Masse geben und zu einer glatten Paste pürieren. Mit Salz und Cayennepfeffer kräftig abschmecken.

Guacomole passt als Dip zu einer Rohkostplatte und zu Tacos.

French Dressing

(Foto)
Zubereitungszeit: 20 Min.

Insgesamt:
E: 3 g, F: 400 g, Kh: 6 g,
kJ: 16034, kcal: 3829

- **2 EL mittelscharfer Senf**
- **Salz**
- **frisch gemahlener schwarzer Pfeffer**
- **Zucker**
- **6–8 EL Rot- oder Weißwein**
- **4 EL Himbeeressig**
- **6 EL Weißweinessig**

- **400 ml Olivenöl**
- **4 EL gehackte Kräuter, z. B. Petersilie, Schnittlauch, Kerbel, Estragon**

1 Senf, Salz, Pfeffer und Zucker in eine Rührschüssel geben. Wein, Himbeer- und Weißweinessig hinzufügen und mit einem Schneebesen verrühren. Nach und nach Olivenöl hinzugießen und unterrühren.

2 Kräuter abspülen, trockentupfen, fein hacken und untermischen.

- **Tipp:**
Das Dressing hält sich in einem gut schließenden Glas etwa 4 Tage frisch.

French Dressing eignet sich für Blatt-, Kohl- und Fischsalate.

Thousand-Island-Dressing

Zubereitungszeit: 25 Min.

Insgesamt:
E: 15 g, F: 88 g, Kh: 47 g,
kJ: 4547, kcal: 1086

- **250 g Salatmayonnaise**
- **150 g Naturjoghurt**
- **1–2 TL Paprikapulver, edelsüß**
- **1 TL Cayennepfeffer**
- **1 TL Weißweinessig**
- **einige Tropfen Tabasco**
- **8 EL Milch**

- **1 rote Paprikaschote**
- **2 EL Schnittlauchröllchen**

1 Mayonnaise, Joghurt, Paprikapulver, Cayennepfeffer, Essig, Tabasco und Milch in eine Schüssel geben und gut verrühren.

2 Paprika halbieren, entstielen, entkernen, die weißen Scheidewände entfernen. Die Schoten waschen und in feine Würfel schneiden. Schnittlauch abspülen, trockentupfen und klein schneiden.

3 Paprikawürfel und Schnittlauchröllchen unter die Mayonnaise-Masse rühren.

Thousand-Island-Dressing passt zu Blattsalaten sowie zu Spargel-, Wirsing-, Sellerie- und Champignon-Salaten und zu Garnelen und Shrimps.

Salsa verde (Grüne Sauce)

(Foto unten)
Zubereitungszeit: 30 Min.

Insgesamt:
E: 6 g, F: 107 g, Kh: 23 g,
kJ: 4764, kcal: 1137

- 3 Bund glatte Petersilie
- 1 Glas Kapern
  (Abtropfgewicht 90 g)
- 3 EL Semmelbrösel
- 4 EL Sherryessig
- 10 EL Olivenöl
- Salz
- frisch gemahlener Pfeffer

- 4 Knoblauchzehen
- 2 Schalotten oder Zwiebeln
- 10 schwarze Oliven
- Sherryessig

1 Petersilie abspülen und trockentupfen. Die Blättchen von den Stängeln zupfen. Kapern in einem Sieb abtropfen lassen.

2 Petersilie, Kapern, Semmelbrösel, Essig, Olivenöl, Salz und Pfeffer in einen hohen Rührbecher geben. Die Zutaten mit einem Pürierstab pürieren.

3 Knoblauch und Schalotten oder Zwiebeln abziehen und fein hacken. Oliven halbieren, entsteinen und vierteln. Gehackte Schalotten oder Zwiebeln, Knoblauch und Olivenviertel unter die Sauce rühren. Mit Salz, Pfeffer und Essig würzen. Sauce bis zum Verzehr kalt stellen.

Salsa verde schmeckt sehr gut zu gegrilltem Fisch und zu Nudelgerichten.

Pikante Kräutersauce

(Foto oben)
Zubereitungszeit: 25 Min.

Insgesamt:
E: 3 g, F: 125 g, Kh: 10 g,
kJ: 5312, kcal: 1268

- 2 mittelgroße Zwiebeln
- Salz
- frisch gemahlener Pfeffer
- etwas Zucker
- 1 geh. TL mittelscharfer
  Senf
- 5 EL Weißweinessig
- 5 EL Weißwein oder Wasser

- 125 ml ($^1/_8$ l) Olivenöl
- 3 EL gehackte Kräuter,
  z. B. Petersilie, Kerbel,
  Estragon, Borretsch,
  Zitronenmelisse

1 Zwiebeln abziehen und in feine Würfel schneiden. Zwiebelwürfel mit Salz, Pfeffer, Zucker und Senf verrühren. Essig, Weißwein oder Wasser hinzugießen und unterrühren. Nach und nach Olivenöl unterschlagen.

2 Kräuter abspülen, trockentupfen, fein hacken und unter die Sauce rühren. Nochmals mit Salz, Pfeffer und Zucker würzen.

- **Tipp:**
Die Kräutersauce hält sich in einem gut schließenden Glas etwa 1 Woche frisch.

Pikante Kräutersauce eignet sich für alle Blatt- und Endiviensalate.

Aioli

Zubereitungszeit: 20 Min.

Insgesamt:
E: 11 g, F: 268 g, Kh: 7 g,
kJ: 10778, kcal: 2574

- **5 Knoblauchzehen**
- **3 Eigelb**
- **2–3 TL Zitronensaft**
- **Salz**
- **frisch gemahlener Pfeffer**
- **250 ml (¹/₄ l) Olivenöl**
- **1 Dose (0,2 g) Safranpulver**
- **etwas Wasser**

1 Knoblauch abziehen, durch eine Knoblauchpresse drücken oder mit einem Messerrücken zerdrücken.

2 Eigelb, Zitronensaft, Knoblauch, Salz und Pfeffer in einen Rührbecher geben. Die Zutaten mit Handrührgerät mit Rührbesen auf höchster Stufe so lange schlagen, bis das Eigelb hellgelb ist.

3 Olivenöl unter ständigem Schlagen zuerst tropfenweise, dann langsam (in einem dünnen Strahl) hinzugeben.

4 Safran in Wasser auflösen und unter Rühren hinzufügen. Die Aioli kalt stellen und nochmals mit Salz und Pfeffer würzen.

Aioli schmeckt sehr gut zu gegrilltem Fleisch, z. B. Lammkoteletts oder zu Gemüse, z. B. Zucchini.

Provenzalischer Kräuter-Gemüse-Dip

(Foto Seite 87 Mitte)
Zubereitungszeit: 40 Min.

Insgesamt:
E: 11 g, F: 251 g, Kh: 23 g,
kJ: 10380, kcal: 2480

- **1 große Zucchini (etwa 350 g)**
- **1 gelbe Paprikaschote (etwa 200 g)**
- **2 Fleischtomaten (etwa 300 g)**
- **250 ml (¹/₄ l) Olivenöl**
- **2 Pck. (je 25 g) TK-Kräuter der Provence**
- **4 EL Balsamicoessig**
- **Salz, Pfeffer**
- **3 abgezogene, durchgepresste Knoblauchzehen**

1 Zucchini waschen, trockenreiben und die Enden abschneiden. Paprikaschote halbieren, entstielen, entkernen, die weißen Scheidewände entfernen. Schote waschen. Tomaten waschen, halbieren, Stängelansatz herausschneiden, Tomaten halbieren und entkernen. Zucchini, Paprikaschote und Tomaten in Stücke schneiden. Gemüsestücke im Mixer fein zerkleinern (jedoch nicht zu Mus).

2 Gemüsepüree in eine Schüssel geben. Olivenöl und Kräuter unterrühren. Mit Essig, Salz, Pfeffer und durchgepresstem Knoblauch kräftig würzen.

- **Tipp:**

Dieser Dip kann mit geriebenem Parmesankäse und gerösteten Pinienkernen verfeinert werden.

Pesto

(Foto)
Zubereitungszeit: 30 Min.

Insgesamt:
E: 104 g, F: 503 g, Kh: 46 g,
kJ: 22264, kcal: 5316

- 3 Töpfe Basilikum
  (etwa 200 g frische
  Basilikumblätter)
- 10 Knoblauchzehen

- 100 g Pinienkerne
- etwa 400 ml Olivenöl
- je 100 g geriebener
  Pecorino- und
  Parmesankäse
- Salz
- frisch gemahlener Pfeffer

1 Basilikum abspülen und trockentupfen. Die Blättchen von den Stängeln zupfen. Knoblauch abziehen.

2 Basilikumblättchen, Knoblauch und Pinienkerne fein hacken oder mit einem Pürierstab pürieren. Olivenöl nach und nach hinzufügen und gut verrühren. Käse unterrühren. Mit Salz und Pfeffer würzen.

- **Tipp:**

Pesto portionsweise einfrieren. Vor dem Verwenden erwärmen und gut verrühren. Hält sich tiefgekühlt mindestens 6 Monate. Statt 2 Käsesorten kann auch die doppelte Menge Parmesan verwendet werden.

In Italien wird *Pesto* zu Spaghetti und als Appetitmacher zu ofenfrischem Weißbrot gereicht. Es passt auch zu Suppen, Eintöpfen, gekochtem Rindfleisch, Nudelgerichten und Salaten.

Kräutersauce

Zubereitungszeit: 20 Min.

Insgesamt:
E: 18 g, F: 53 g, Kh: 22 g, kJ: 2795, kcal: 669

- 300 g Naturjoghurt
- 200 g Schmand
- 2 gestr. TL mittelscharfer
  Senf
- Salz
- frisch gemahlener
  weißer Pfeffer

- Zucker
- 2 EL gehackter Dill

Zum Garnieren:
- Kräuter, z. B.
  Kerbelblättchen

1 Joghurt und Schmand verrühren. Senf unterrühren. Die Sauce mit Salz, Pfeffer und Zucker würzen.

2 Dill abspülen, trockentupfen, fein hacken und unterrühren.

3 Zum Garnieren Kräuter abspülen, trockentupfen. Die Blättchen von den Stängeln zupfen. Die Sauce in Schälchen anrichten und mit den Kräutern garnieren.

Kräutersauce passt zu Backofenkartoffeln oder Kartoffelpuffern.

Mexikanisches Chutney

(Foto)
Zubereitungszeit: 45 Min.

Insgesamt:
E: 14 g, F: 7 g, Kh: 299 g,
kJ: 5709, kcal: 1361

- 2 Gemüsezwiebeln (500 g)
- je 1 rote und grüne
  Paprikaschote (je 150 g)
- 3 Knoblauchzehen
- 1 TL Salz, 2 Chilischoten
- 125 ml (¹/₈ l)
  Weißweinessig
- ½ Pck. (250 g) Extra-
  Gelierzucker

- 1 TL Currypulver
- 1 EL Weinbrand
- 2 EL Schnittlauchröllchen

1 Zwiebeln abziehen, Paprika halbieren, entstielen, entkernen, die weißen Scheidewände entfernen. Schoten waschen, trockentupfen. Paprika und Zwiebeln in Würfel schneiden.

2 Knoblauch abziehen und mit Salz zu einer Paste zerreiben. Chilischoten waschen, abtrocknen, längs halbieren, entkernen und in feine Würfel schneiden.

3 Zwiebelwürfel, Paprikawürfel, Knoblauchsalz und Chiliwürfel in einen Topf geben. Essig, Gelierzucker und Curry hinzufügen. Die Zutaten unter Rühren zum Kochen bringen, etwa 10 Minuten kochen lassen, dabei ab und zu umrühren.

4 Weinbrand und Schnittlauchröllchen unterrühren. Die Masse sofort in vorbereitete Gläser füllen, mit Twist-off-Deckeln® verschließen, umdrehen und etwa 5 Minuten auf dem Kopf stehen lassen.

Mexikanisches Chutney zu Fondue oder zu gegrilltem Fleisch reichen.

Chutney mit Bananen

Zubereitungszeit: 45 Min.

Insgesamt:
E: 7 g, F: 2 g, Kh: 360 g,
kJ: 6364, kcal: 1521

- 250 g enthäutete,
  entkernte Tomaten,
  vorbereitet gewogen
- 250 g Äpfel,
  vorbereitet gewogen
- 200 g geschälte Bananen
- 1 TL Currypulver
- 1 TL Paprikapulver

- Salz, Pfeffer
- 50 g Rosinen
- 100 ml Apfelsaft
- 100 ml Obstessig
- ½ Pck. (250 g)
  Extra-Gelierzucker

1 Tomatenfruchtfleisch in feine Würfel schneiden.

2 Äpfel schälen, vierteln, entkernen. Äpfel ebenfalls in feine Würfel schneiden. Bananen in Stücke schneiden.

3 Tomaten-, Apfelwürfel und Bananenstücke in einem Topf unter Rühren zum Kochen bringen und etwa 10 Minuten unter Rühren kochen lassen.

4 Die Masse heiß in gründlich gesäuberte Gläser mit Twist-off-Deckeln® füllen und verschließen. Die Gläser sofort umdrehen und 5 Minuten auf dem Deckel stehen lassen.

Chutney passt mit Bananen zu ausgebackenem Fisch oder Garnelen.

Alphabetisches Register

A

Abgeschlagene Sauce (Sauce Hollandaise)	40
Aioli	88
Ajvar (Jugoslawische Paprikasauce)	68
Amerikanischer Quark-Dip	8
Apfel-Papaya-Dip	24
Avocado-Quark-Dip	10

B

Brokkoli-Oliven-Dip	18
Brombeersauce	70
Bunter Quark-Dip	12

C

Ceylonsauce	64
Chilisauce, Chinesische süsse	50
Chinasauce süss-scharf	50
Chinesische Sauce	48
Chinesische süsse Chilisauce	50
Chutney, Mexikanisches	92
Chutney mit Bananen	92
Cocktailsauce	42
Curry-Kokos-Salsa	78
Currysauce, Kalte	60
Currysauce mit Bohnen	60

D

Diavolosauce, kalt	44
Dip Bombay	36
Dip Gourmet	28
Dip mit Apfel-Meerrettich	14
Drei-Farben-Dip	16
Dressing, French	84

E/F

Eier-Senf-Dip	26
Feine Preiselbeersauce	72
French Dressing	84
Frühlings-Dip	38

G

Gemüsesalsa mit Chili und Soja, Pikante	80
Gloucester-Dip	28
Gorgonzolacreme	34
Griechische Käsecreme	22
Grüne Sauce (Salsa verde)	86
Guacomole (Mexikanische Avocadocreme)	82

H

Hollandaise (Abgeschlagene Sauce)	40
Hüttenkäse-Dip	30

I/J

Indische Sauce	52
Ingwer-Chutney-Dip	36
Ingwer-Curry-Dressing	82

J

Joghurtsauce, Türkische	18
Jugoslawische Paprikasauce (Ajvar)	68

K

Kalifornische Sauce	66
Kalte Currysauce	60
Käsecreme, Griechische	22
Käse-Dip mit Oliven	34
Kerbel-Spinat-Sauce	48
Kräuter-Gemüse-Dip, Provenzalischer	88
Kräuter-Sahne-Sauce	46
Kräutersauce	90
Kräutersauce, Pikante	86

L/M

Luau-Sauce	54
Mandarinensauce	54
Mango-Salsa	76
Mayonnaise, indisch	42
Mexikanische Avocadocreme (Guacomole)	82
Mexikanisches Chutney	92
Mexikanische Sauce	78

Alphabetisches Register

O

Olivensauce, Spanische	58
Olivensauce, Würzige	56
Orangen-Limetten-Dip	20
Orangensauce	10

P

Peperonisauce	66
Peperonisauce süss-sauer	64
Pesto	90
Pflaumen-Rotwein-Sauce	72
Picadilly-Dip	6
Pikante Gemüsesalsa mit Chili und Soja	80
Pikante Kräutersauce	86
Pikante Pilzsauce	70
Pikante Senfsauce	46
Pilzsauce, Pikante	70
Pistaziensauce	74
Portugiesische Sauce	62
Preiselbeersauce, Feine	72
Provenzalischer Kräuter-Gemüse-Dip	88

Q

Quark-Dip, Amerikanischer	8
Quark-Dip, Bunter	12
Quark-Dip mit Schinken	14
Quark-Dip, Russischer	12

R

Roquefortsauce	32
Rote-Bete-Dip	16
Russischer Quark-Dip	12

S

Salsa verde (Grüne Sauce)	86
Sardellen-Kapern-Sauce	56
Sauce, Chinesische	48
Sauce, Indische	52
Sauce, Kalifornische	66
Sauce, Mexikanische	78
Sauce, Portugiesische	62
Sauce, Süß-saure	52
Schafkäse-Dip	26
Schnittlauch-Dip	20
Senfsauce	40
Senfsauce, kalt, Süsse	24
Senfsauce, Pikante	46
Spanische Olivensauce	58
Stilton-Dip	30
Süsse Senfsauce, kalt	24
Süss-saure Tomaten-Salsa	80

T

Tatarensauce	42
Teufelssauce	44
Texas-Salsa	76
Thousand-Island-Dressing	84
Tofu-Dip mit Kräutern und Schalotten	38
Tomaten-Paprika-Salsa	74
Tomaten-Pfeffer-Sauce	62
Tomaten-Quark-Dip	8
Tomaten-Salsa, Süss-saure	80
Tsatsiki	22
Tunfisch-Sardellen-Dip	6
Türkische Joghurtsauce	18

W

Weichkäsesauce	32
Würzige Olivensauce	56

Z

Zigeunersauce	58
Zucchini-Honig-Dip	26

In dieser Reihe sind bisher außerdem erschienen: *Partygrillen, Partyaufläufe, Schnelle Partyrezepte, Partydrinks, Partysalate, Partysnacks, Partysuppen* und *Partybraten*. Sie erhalten diese Bücher im Buchhandel.

Umwelthinweis

Dieses Buch und der Einband wurden auf chlorfrei gebleichtem Papier gedruckt. Die Einschrumpffolie – zum Schutz vor Verschmutzung – ist aus umweltfreundlichem und recyclingfähigem PE-Material.

Wenn Sie Anregungen, Vorschläge oder Fragen zu unseren Büchern haben, rufen Sie uns unter folgender Nummer an 0521 155–2580 oder 5206–50 oder schreiben Sie uns:
Dr. Oetker Verlag KG, Am Bach 11, 33602 Bielefeld.

Bei den in diesem Buch verwendeten Rezeptnamen handelt es sich zum Teil um eingetragene Marken.

Copyright

© 2002 by Dr. Oetker Verlag KG, Bielefeld

Redaktion

Carola Reich, Annette Riesenberg

Titelfoto

Thomas Diercks, Hamburg

Innenfotos

Ulli Hartmann, Bielefeld
(Foodstyling: Gerhard Ruhle, Hamburg)
Thomas Diercks, Hamburg
Ulrich Kopp, Füssen
Kramp & Gölling, Hamburg
Herbert Maass, Hamburg
Christiane Pries, Borgholzhausen
Michael Somoroff, New York
Brigitte Wegner, Bielefeld

Rezeptentwicklung und -beratung

Gerhard Ruhle, Hamburg
Mechthild Plogmaker, Versuchsküche Dr. Oetker, Bielefeld

Grafisches Konzept
Gestaltung
Titelgestaltung

Björn Carstensen, Hamburg
M•D•H Haselhorst, Bielefeld
KonturDesign, Bielefeld

Reproduktionen
Satz
Druck und Bindung

Kruse Reproduktionen GmbH, Vreden
JUNFERMANN Druck & Service, Paderborn
APPL Druck GmbH & Co. KG, Wemding

Die Autoren haben dieses Buch nach bestem Wissen und Gewissen erarbeitet. Alle Rezepte, Tipps und Ratschläge sind mit Sorgfalt ausgewählt und geprüft. Eine Haftung des Verlages und seiner Beauftragten für alle erdenklichen Schäden an Personen, Sach- und Vermögensgegenständen ist ausgeschlossen.

Nachdruck, auch auszugsweise, nur mit ausdrücklicher Genehmigung und Quellenangabe gestattet.

ISBN 3–7670–0618–9